HEYNE‹

AF202872

Das Buch

Dieses faszinierende Gespräch mit Gott macht klar, dass wir etwas für unsere Zukunft – für eine bessere Zukunft – tun können. Wenn wir nur einige Veränderungen vornehmen, die für jeden möglich sind, können wir den Lauf der Geschichte und unser eigenes Leben entscheidend beeinflussen. Denn jetzt ist der perfekte Zeitpunkt für das Erwachen der Menschheit – und hier bekommen wir die Möglichkeiten aufgezeigt, die sich uns eröffnen, wenn wir unserer Bestimmung folgen.

Der Autor

Neale Donald Walsch arbeitete als Journalist und Verleger, war Programmdirektor eines Rundfunksenders, Pressesprecher und gründete eine erfolgreiche Werbe- und Marketingfirma. In einer schweren Krise richtete er seine Stimme an Gott. Dadurch erfuhr sein Leben eine entscheidende Wendung. Was er als Ende seines Lebens empfunden hatte, erwies sich als spiritueller Neuanfang. Anschauliches Zeugnis dieser geistigen Öffnung sind die *Gespräche mit Gott*. Heute widmet sich Walsch ganz der Aufgabe, die Botschaften seiner Bücher durch Publikationen, Vorträge und Retreats für spirituelle Erneuerung zu verbreiten. Er gründete die *School of the New Spirituality* und rief die *Group of 1000* ins Leben, eine nicht auf Profit ausgerichtete Organisation, die weltweit spirituelles Erwachen vorantreibt. Walsch lebt in Ashland, Oregon.

Neale Donald
WALSCH

Ein unerwartetes
Gespräch
mit Gott

Das Erwachen der Menschheit

Aus dem Amerikanischen
von Thomas Görden

WILHELM HEYNE VERLAG
MÜNCHEN

Penguin Random House Verlagsgruppe FSC® N001967

5. Auflage
Taschenbucherstausgabe 12/2018

Copyright © 2017 by Neale Donald Walsch
Die Originalausgabe erschien unter dem Titel
Conversations with God. Book 4. Awaken the Species
bei Rainbow Ridge Books, LLC, USA.
Copyright © 2017 der deutschsprachigen Ausgabe
by Trinity Verlag in der
Scorpio Verlag GmbH & Co. KG, München
Copyright © 2018 dieser Ausgabe
by Wilhelm Heyne Verlag, München,
in der Penguin Random House Verlagsgruppe GmbH,
Neumarkter Straße 28, 81673 München
Gedichte auf den Seiten 292 und 299 © 2008 Em Claire,
alle Rechte vorbehalten, emclaire.love
Alle Rechte sind vorbehalten. Printed in Germany
Umschlaggestaltung: Guter Punkt, München, unter
Verwendung von Motiven von shutterstock und thinkstock
Satz: Leingärtner, Nabburg
Druck und Bindung: GGP Media GmbH, Pößneck
ISBN 978-3-453-70357-5

www.heyne.de

All jenen, die erkennen,
dass weder ihr Leben noch ihre Welt
so wunderbar sind, wie sie sein könnten
und sollten; und die wissen,
dass dieses Wunderbare dennoch möglich ist,
und sich jetzt dafür entscheiden,
es Wirklichkeit werden zu lassen.

Anmerkung des Autors

Ich bin mir bewusst, dass es in dem zuletzt erschienenen Buch der Reihe Gespräche mit Gott – *Zuhause in Gott: Über das Leben nach dem Tode*, geschrieben und erschienen zehn Jahre vor diesem Buch – hieß, es sei das letzte dieser Gesprächsbücher. Ich würde keine weiteren mehr veröffentlichen. Doch das Leben ist ein sich ewig wandelndes Mosaik, und wenn wir anerkennen, dass wir alle eins mit Gott sind, verfügen wir über die Fähigkeit, das zu erschaffen, was Filmemacher ein »alternatives Ende« für eine Geschichte nennen. Und offenbar ist genau das hier geschehen. Auf der Superbewussten Ebene (der Ebene, auf der unsere Seelen aktiv sind) tauchte eine neue Entscheidung auf.

Ich hätte dieses letzte Gespräch ganz für mich behalten können, aber alles in mir sträubte sich dagegen und schrie: »Wage das nur nicht!« Damit, dass ich nun dieses neueste Gespräch mit Gott veröffentliche, erfülle ich, wie ich glaube, ein Gott gegebenes Versprechen, alles in meiner Macht Stehende zu tun, um der Welt diese wichtigsten Informationen zugänglich zu machen, die ich jemals empfangen habe – Informationen, die, wie mir bewiesen wurde, die tägliche Lebenserfahrung von Millionen Menschen auf der ganzen Welt positiv verändern können.

Ungeachtet der Tatsache, dass alle großen Welt-religionen von Menschen berichten, die in früheren Zeiten göttliche Offenbarungen empfingen, kann ich absolut verstehen, dass manche Zeitgenossen der Ansicht sind, ein so segensreiches Ereignis könne sich unmöglich im Leben eines Menschen ereignen, der so unvollkommen und voller Fehler ist wie ich. Doch ich habe immer gesagt, dass nicht ich speziell, als Einzelner, Gespräche mit Gott führe, sondern dass wir alle, jede und jeder von uns, ständig mit Gott sprechen. Die meisten Menschen nennen es nur anders.

Wir alle verfügen über die Fähigkeit, die Quelle der höchsten Weisheit in uns zu kontaktieren – und wir sind dazu eingeladen, diese Quelle der Weisheit als Gott zu betrachten, der in uns und durch uns wirkt. In dem hier veröffentlichten Gespräch sagt die Stimme des Göttlichen uns das ganz unmissver-ständlich: »Ich spreche jederzeit zu allen. Die Frage ist nicht: Zu wem spreche ich? Die Frage ist: Wer hört zu?«

Daher lade ich Sie ein, Ihre natürliche Skepsis be-züglich der Quelle der hier präsentierten Informa-tionen einmal beiseitezuschieben und sich stattdes-sen darauf zu konzentrieren, ob das, was Ihnen in diesem Gespräch angeboten wird, von praktischem Wert für Sie ist und Ihnen darüber hinaus hilft, das Leben besser zu verstehen.

Dieser Text enthält viele Informationen über das Leben und den Tod – und die Zeit dazwischen. Ich bin mir ziemlich sicher, dass Sie hier mehr metaphysische Informationen finden als in jedem anderen Buch, das Sie in letzter Zeit gelesen haben. Während Sie den nachfolgenden Dialog mit Gott lesen, wird unweigerlich der Punkt kommen, an dem Sie sagen: »Ob es sich nun um reine Spekulation oder um Fakten handelt, das Ganze ist höchst faszinierend.« Doch zu Recht werden Sie sich dann fragen: »Und was habe ich davon, all das zu erfahren? Was hat es mit meinem Leben zu tun und damit, wie ich es verbessern kann – ganz zu schweigen davon, wie wir die Lebenssituation von uns allen auf Erden verbessern können?«

Wie Sie sehen werden, habe ich Gott viele, viele Fragen gestellt, damit dieses Gespräch für Ihr Leben bedeutsam und erhellend wird. Ich weiß, dass die Menschen heute eine Botschaft der Hoffnung, des Glaubens, der Heilung und Veränderung ersehnen und suchen. Ich habe festgestellt, dass dieses neueste Gespräch mit Gott für mich den Wunsch nach einer solchen Botschaft erfüllt, und deshalb veröffentliche und teile ich es mit Ihnen. Der Austausch, der in diesem Buch aufgezeichnet ist, enthält einige schonungslose Einschätzungen unserer heutigen Situation. Dabei geht es aber nicht darum, menschliches Verhalten zu verurteilen, sondern es werden die Möglichkeiten aufgezeigt, die sich uns eröffnen und die zu verwirklichen in unserer Macht steht.

Ich weiß, es klingt abgedroschen, aber eine bessere Zukunft sowohl für uns als Individuen als auch für unsere gesamte Zivilisation ist möglich. Und sie lässt sich wirklich sehr, sehr gut verwirklichen, wenn wir uns bewusst dafür entscheiden. Gott lässt in diesem Gespräch keinen Zweifel daran, dass nur eine einzige Entscheidung, die wir treffen müssen, uns von dieser wünschenswerten Zukunft trennt. Ich hoffe, dass Sie sich in ebendieser Weise entschließen werden, wenn Sie dieses Buch gelesen haben.

Einleitung

Am 2. August 2016 erwachte ich aus tiefem Schlaf. Der innere Drang weckte mich auf. Ich kannte ihn gut. Seit fast zehn Jahren hatte ich ihn nicht mehr gespürt, aber ich kannte ihn gut.

Ich hatte keine Ahnung, wie spät es war, dachte aber: »Werde ich ein klareres Zeichen brauchen, als dass es jetzt 4.23 Uhr ist?«

Ich blickte zum Wecker auf meinem Nachttisch.

4.13 Uhr.

Natürlich. Gerade genug Zeit, um aus dem Bett zu steigen und meine »Verabredung« um 4.23 Uhr nicht zu verpassen.

Mein allererstes Gespräch mit Gott begann morgens um 4.23 Uhr. Und über viele Wochen wurde ich jeden Morgen zwischen 4.15 und 4.30 Uhr von einem starken inneren Drang geweckt: *Setze das Gespräch fort.*

Dieses Muster dauerte über Monate an (und schließlich über Jahre). Ich fragte mich, ob das Timing irgendeine tiefere Bedeutung hatte, gab aber letztlich jedes Bedürfnis auf, die Antwort wissen zu wollen.

Als aus dem ersten Material der Gespräche mit Gott, das ich auf gelbe Notizblöcke gekritzelt hatte, tatsächlich ein veröffentlichtes Buch wurde (in den

Gesprächen war mir gesagt worden, dass das geschehen würde, also hatte ich es wagemutig an einen Verleger geschickt), dachte ich, dass hier möglicherweise etwas Wichtiges geschehen war. Dass dem, zu meiner großen Verblüffung, tatsächlich so war, zeigte sich, als über eine Million Menschen das Buch kauften und es in 37 Sprachen übersetzt wurde.

Dann wurde ich eingeladen, außerhalb der USA Vorträge zu halten. Ich musste meine Geburtsurkunde heraussuchen, um einen Pass beantragen zu können. Doch ich fand die Urkunde nirgendwo in meinen persönlichen Unterlagen. Also wandte ich mich ans Archiv meines Geburtsortes, zahlte die Gebühr und bat um Zusendung einer amtlichen Kopie.

Als ich den Brief öffnete und das Dokument betrachtete, war ich verblüfft.

Zeitpunkt der Geburt: 4.23 Uhr morgens.

Natürlich.

Dass diese Erfahrung göttlicher Verbundenheit stets ungefähr zu der Zeit eingeleitet wurde, zu der ich auf die Welt gekommen war, erschien mir irgendwie bedeutsam. Zumindest konnte ich die perfekte Symmetrie nicht ignorieren.

Wenn ich im Lauf der Jahre morgens zwischen 4.15 und 4.30 Uhr plötzlich hellwach die Augen aufschlug, zur Decke starrte und eine bestimmte Energie in meinem Körper spürte, wusste ich, was geschehen würde. Sofort stand ich auf, eilte zu meinem Laptop und öffnete mich für das, was sich durch mich mitteilen wollte.

Und so war es auch an diesem Tag, dem 2. August 2016. Eben erst hatte ich die Decke zurückgeschlagen und war aus dem Bett gestiegen. Nun saß ich vor der Tastatur. Nur hätte ich nicht gedacht, dass ich es je wieder tun würde.

Das möchte ich Ihnen erklären.

Wir alle haben ständig das, was ich Gespräche mit Gott nenne. Das wurde mir auf Seite fünf der über 3000 veröffentlichten Seiten der GmG unmissverständlich klargemacht. Also war meine Erfahrung nicht einzigartig, nicht ungewöhnlich. Ein bisschen ungewöhnlich war vielleicht, dass ich meine innersten Begegnungen schriftlich aufzeichnete und dann an einen Verleger schickte – der sie tatsächlich druckte und an die Buchhandlungen auslieferte.

Ich habe begriffen und es auch immer wieder erlebt, dass ich (und wir alle) ständig eine tiefe und persönliche Verbindung zu Gott haben, dass wir tatsächlich mit dem Göttlichen kommunizieren und es um Führung, Hilfe, Erkenntnis und Unterstützung bitten können, wann immer wir das wünschen. Genau das war die zentrale Aussage des Buches. Es wurde veröffentlicht, um andere Menschen überall auf der Welt für diese Erfahrung zu öffnen und sie dazu einzuladen, sich auf eine neue und persönlichere Beziehung zu Gott einzulassen.

Jedoch ist das Gefühl, dass ich ein solches Gespräch führen *muss*– dass ein tiefes inneres Gefühl, das sich nicht ignorieren lässt, in mir aufsteigt und mir signalisiert, dass für einen solchen Austausch »die Zeit gekommen ist« –, etwas völlig anderes. Ich erlebe es so, dass dieses Gefühl mich überkommt. Weil das seit fast zehn Jahren nicht mehr der Fall gewesen war, glaubte ich, dass es nie wieder geschehen würde.

Oh, ich wusste, dass ich wieder schreiben würde. Schreiben werde ich immer etwas. Eine Kolumne für die *Huffington Post*. Einen Blog für CWG Connect. Einen Facebook-Eintrag. Sogar ein ganzes Buch, in dem ich mich mit den Tiefen der von mir empfangenen Botschaft beschäftige. Etwas in dieser Art.

Aber ein weiteres schriftlich festgehaltenes Gespräch mit Gott? Ein weiterer Gedankenaustausch mit der Gottheit? Ich glaubte, diese Zeit sei vorüber. Ich glaubte, der Dialog sei abgeschlossen.

Doch da irrte ich mich.

1

Ich hätte nicht gedacht, dass ich das je wieder tun würde. Ich glaubte, der Austausch sei abgeschlossen.

Es gibt wieder etwas zu tun. Eine weitere Einladung, mein lieber Freund.

Zwei habe ich schon angenommen: Verändere die Art, wie die Welt über Gott denkt, und zeige den Menschen den Weg zurück zu ihnen selbst. Ich dachte, das wäre alles.

Ich weiß. Für die Dritte Einladung war die Zeit noch nicht reif.

Und jetzt ist sie es?

Jetzt ist sie es.

Okay, worum geht es bei dieser Dritten Einladung? Und wird sie die letzte sein?

Ja, sie wird die letzte sein. Und übrigens sind diese Einladungen nicht nur für dich bestimmt. Alle sind eingeladen – aber nicht alle werden sie annehmen.

Jene, die sie annehmen, werden sich zu erkennen geben.

Mir war immer klar, dass die Botschaften nicht allein für mich bestimmt waren. Bei diesen ersten beiden Einladungen war mir das immer bewusst.

Und nun folgt die Dritte und letzte Einladung. Denn auf eurem Planeten ist gerade der Perfekte Zeitpunkt für Fortschritte.

Das klingt wirklich aufregend, vor allem weil ich gerade das genau gegenteilige Gefühl habe. Es scheint, als würde unsere Zivilisation sich rückwärts bewegen. Man hat den Eindruck, dass wir weniger zivilisiert, weniger tolerant werden, unsere Schwächen weniger im Zaum halten (von unserer Wut gar nicht zu reden) und weniger in der Lage sind, Zugang zu den besseren Engeln unserer menschlichen Natur zu finden.

Ich freue mich, dass du das erkennst und erlebst, denn wenn du aufmerksam wahrnimmst, was mit dir selbst und um dich herum geschieht – und bei deiner Reaktion darauf deinem inneren Ruf folgst –, gibt es keinen Grund, dir Sorgen zu machen.

Nun, mir scheint, dass die Lage unerfreulich ist, aber vielleicht sehe ich die Dinge nicht klar, weil ich wieder einmal zu sehr bewerte und urteile. Ich meine, auf diesem Planeten geschieht eine Menge, das meiner Meinung nach besser nicht geschehen sollte.

Es geht nicht darum, was geschehen »sollte«.

Es geht darum, was geschieht – sowohl in deiner individuellen und hochgradig persönlichen Erfahrung wie in der Erfahrung jenes Kollektivs namens Menschheit – und wie ihr das, was ihr als besonders schlimm empfindet, tatsächlich auf ziemlich dramatische Weise ändern könnt.

Jetzt ist der Perfekte Zeitpunkt für euch, um mit diesen Veränderungen zu beginnen, denn was gegenwärtig geschieht – ökologisch, politisch, ökonomisch, gesellschaftlich und spirituell –, liefert euch unübersehbare und unmissverständliche, unwiderlegbare und kristallklare Hinweise, wie ihr die notwendigen Veränderungen herbeiführen könnt. Und daher ist es Zeit für die Dritte Einladung.

Okay, ich bin bereit. Wir alle sind bereit. Was ist es? Was ist die Dritte Einladung?

Weckt die Menschheit auf.

2

Na, das nenne ich mal ambitioniert.

Kann es für Gott zu ambitionierte Ziele geben?

Nicht für Gott, für *mich*.

So habe ich es gemeint.

Aha. Ich verstehe, was du meinst.

Wirklich? Oder hast du vergessen, wer du bist?

Nein. Oder, doch … in dem Sinn, dass ich mich nicht dementsprechend verhalte. Ich meine, ich begreife intellektuell, dass Gott in mir wohnt, dass ich eine individuelle Ausdrucksform des Göttlichen bin, aber im praktischen Leben erfahre ich es nicht.

Dann wird es Zeit, dass du damit beginnst.

Das ist leichter gesagt als getan.

Solange du so darüber sprichst, wird dir dieser Zustand als wahr erscheinen. Du kannst die Menschheit nicht aufwecken, solange du selbst nicht aufwachst.

Ich weiß, ich weiß … Aber ich gebe mir wirklich alle Mühe.

Dann solltest du dir noch mehr Mühe geben.
Jetzt ist der Perfekte Zeitpunkt für Fortschritte.

Wenn du es sagst.

Wirst du dir dann mehr Mühe geben? Nicht nur du persönlich, sondern werdet ihr alle euch mehr anstrengen?

Für die anderen kann ich nicht sprechen, aber ich bin dabei! Sage mir, wie ich schneller erwachen kann. Es gibt niemanden, der das nicht gerne wissen möchte.

Der beste Weg, um schneller zu erwachen, besteht darin, die Ursache dafür zu sein, dass ein anderer Mensch schneller erwacht.

Aber wie kann ich zur »Ursache« dafür werden, dass ein anderer Mensch erwacht, wenn ich selber noch nicht erwacht bin?

Das ist interessant. Das ist eine sogenannte Göttliche Dichotomie – wenn zwei scheinbar einander widersprechende Wahrheiten gleichzeitig am selben Ort existieren.
Die Wahrheit ist, dass du erwacht *bist,* du weißt es nur noch nicht. Und in diesem Sinn bist du noch nicht erwacht.

Du hast dir noch nicht bewusst gemacht, dass du erwacht bist. Und deshalb fühlt es sich für dich so an, als wärest du *nicht* erwacht.

Kannst du mir das etwas genauer erklären? Ich habe das Gefühl, wir drehen uns im Kreis.

Ist es dir schon passiert, dass du mitten in der Nacht ein Geräusch hörtest und dachtest, es wäre Teil eines Traumes, um dann überrascht festzustellen, dass du gar nicht mehr träumst, sondern aufgewacht bist?

Klar. Das ist uns allen schon passiert.

Na, siehst du.

Okay, sagen wir also, ich bin erwacht, weiß es aber noch nicht. Wie kann ich nun *erkennen*, dass ich erwacht bin?

Bist du je vor Angst aus einem Albtraum erwacht?

Ja, auch das haben wir alle schon erlebt.

Gegenwärtig gibt es auf eurem Planeten Zustände, von denen einige albtraumhafte Züge angenommen haben, und der Schrecken darüber lässt euch erwachen.
Du hast selbst gesagt, du hast den Eindruck, dass eure Zivilisation sich rückwärts bewegt.

Nicht nur unsere Zivilisation insgesamt, auch in meinem persönlichen Leben kommt es mir manchmal so vor.

Dass du das wahrnimmst, ist sehr gut. Du weißt dadurch, dass du wach bist und es sich nicht einfach um einen bösen Traum handelt. Es ist eine Realität, für die du dich nicht länger entscheidest.
Von Tag zu Tag erkennst du immer deutlicher, was geschieht, und das hilft dir, dich zu erinnern, wer du wirklich bist – und motiviert dich, dich auch dementsprechend zu verhalten.
Das ist alles, was geschehen muss. Mehr ist nicht erforderlich. Auf diese Weise könnt ihr alle, die ihr euch bereits erwacht fühlt, jeden albtraumhaften Zustand in eurer Welt beenden. Ihr müsst euch einfach bewusst werden, dass ihr bereits erwacht und wach seid und dass ihr etwas gegen all das unternehmen könnt, was um euch herum geschieht.

Ich bin mir nicht sicher, ob ich mich in der Lage fühle, die Welt zu retten.

Es geht nicht darum, die Welt zu retten. Es geht um deine persönliche spirituelle Reise, deine individuelle Evolution. Es kann die aufregendste, spannendste Zeit sein, die du seit deiner Geburt erlebst – nicht nur für dich persönlich, sondern für euch alle.
Und die Welt kann sich tatsächlich verändern, »gerettet« werden, wenn ihr euch entscheidet, aus

eurem Wahren Sein heraus zu handeln – aber das ist gar nicht das, worum es eigentlich geht.

Es geht um eure persönliche Evolution. Sie ist Sinn und Ziel jeder Erfahrung und jeder Veränderung, die ihr in der Welt vornehmt.

Wenn es euer Wunsch ist, eurem Wahren Sein Ausdruck zu verleihen – und ein Weg, dies zu tun, besteht darin, anderen bei der Beendigung ihres Leidens zu helfen, dem Planeten Heilung zu bringen und die Zukunft der Menschen, die ihr liebt, positiv zu beeinflussen –, dann werdet ihr nicht das Gefühl haben, dass eine Aufgabe »eine Nummer zu groß« für euch sei. Vielmehr werdet ihr freudige Erregung und Begeisterung empfinden, angesichts der Chancen und Möglichkeiten, die das Leben euch in dieser Perfekten Zeit für Fortschritte präsentiert.

Die Dritte Einladung besteht darin, dass ihr, als Teil eurer persönlichen Evolution, den vielen Angehörigen eurer Spezies zu der Erkenntnis verhelft, bereits wach zu sein, und sie dann dazu inspiriert, sich dementsprechend zu verhalten. Und so werden sie, mit euch, indem sie erwachtes Verhalten zeigen, zum Vorbild und zur Inspirationsquelle für jene, die noch schlafen – und das alles tut ihr, weil es das ist, wozu eure persönliche Evolution euch motiviert.

Danke. Ich kapiere. Aber es bleibt eine unbeantwortete Frage: Wenn viele Menschen bereits erwacht sind, warum *verhalten* sie sich dann nicht so? Willst du behaupten, niemand von ihnen – kein Einziger – wisse, dass sie erwacht sind? Dass sie alle immer noch denken, sie würden das Albtraumhafte, das sie täglich in den Fernsehnachrichten sehen, lediglich »träumen«?

Nein. Viele von ihnen wissen, dass das, was geschieht, real ist, und sie sind zu einem Bewusstsein dafür erwacht, wer sie sind und was sie tun müssen, um auch den Rest der Spezies aufzuwecken.

Okay, dann ist meine Frage weiterhin unbeantwortet. Wenn so viele Menschen wissen, dass sie erwacht sind, warum ist die Welt dann so, wie sie ist? Ich selbst bin dafür ein perfektes Beispiel. Tagtäglich tue, sage oder denke ich etwas, was einem Menschen, der »erwacht« ist, überhaupt nicht ähnlich sieht. Wenn ich, wie du behauptest, weiß, dass ich erwacht bin, warum verhalte ich mich dann immer noch so?

Weil erwacht sein und wissen, was du weißt ... und dieses Wissen vollständig in dein Leben integriert zu haben ... zwei Paar Schuhe sind.
Manchmal – vor allem wenn ihr sehr jung seid oder euch unreif verhaltet – ist es attraktiver für euch, so zu tun, als wüsstet ihr nicht, was ihr wisst, oder einfach die Tatsache zu ignorieren, dass ihr es wisst. Und manchmal vergesst ihr es einfach.
Sicher hat dein Vater früher zu dir gesagt: »Warum hast du so etwas getan, obwohl du es doch besser weißt?«

Natürlich. Das habe ich hundertmal zu hören bekommen.

Du kannst es nicht oft genug hören.
Sieh mal, eure Spezies ist noch sehr jung. Ihr seid
wie Kinder. Ihr seid die Kleinkinder des Universums.
Also lauft ihr herum und tut Dinge, von denen ihr
wisst, dass sie nicht gut für euch sind, einfach weil
sie euch momentan Spaß zu machen scheinen.
Oder ihr vergesst einfach, was euch gesagt
wurde.
Das ist die Geschichte der kollektiven Erfahrung
eurer Spezies auf der Erde. Ihr habt sie zu eurer
individuellen Erfahrung werden lassen, *obwohl ihr
es besser wisst.*
Ihr beobachtet nicht nur Leid erzeugendes Verhalten
bei anderen, sondern legt auch selbst solche
Verhaltensweisen an den Tag.
Aber jetzt kommt die Zeit, wo es eurem Wohl dient,
diese kindischen Verhaltensweisen abzulegen.

Ich weiß.

Und ich weiß, dass du es weißt. Das ist es, was ich
hier sage.
Selbst jene, die es früher *nicht* wussten, wissen es
jetzt. Es wird so offensichtlich, dass selbst die
unreifsten Mitglieder eurer jungen, evolvierenden
Spezies es sehen und begreifen werden und nicht
mehr so tun können, als wüssten sie es nicht.
Und doch handelt ihr noch nicht so, als wüsstet ihr

es. Ihr habt euer Wissen noch nicht integriert. Ihr handelt noch nicht dementsprechend. Ihr seid erwacht und wisst, wer ihr seid und was wahr ist, aber das spiegelt sich in eurem Verhalten noch nicht wider. Ihr verhaltet euch immer noch so, als würdet ihr schlafwandeln.

Wenn ihr nicht gegen eine Wand laufen oder von einer Klippe stürzen wollt, tut ihr gut daran, zu der Erkenntnis zu erwachen, dass ihr bereits wach seid und dass die albtraumhaften Zustände auf der Erde nicht bloß ein schlechter Traum sind. Und dass es keine Fantasie oder »Einbildung« ist, dass heute der Perfekte Zeitpunkt für Fortschritte in eurer Evolution ist.

Ich verstehe jetzt, was du meinst. Ich wette, dass auch die Leserinnen und Leser es verstehen werden. Das sind gute Nachrichten für uns alle.

In der Tat. Ich betone hier nachdrücklich etwas für euch sehr Wichtiges. *Deshalb* wiederhole ich es. Dieses ganze neue Gespräch, zu dem du eingeladen wurdest, dient dazu, Dinge zu wiederholen, auf die ich schon in den früheren Gesprächen eingegangen bin.

Es ist wichtig, dass ihr diese Botschaft erneut hört und sie diesmal *vollständig versteht*. Es geht darum, dass ihr alle Puzzleteile zusammenfügt, während ihr euch auf die Vollständige Integration zubewegt, und dann völlig frei entscheiden könnt, ob ihr die Dritte Einladung annehmen wollt.

Ihr könnt völlig frei entscheiden, ob ihr die Menschheit aufwecken wollt, weil dies nun einmal der
Perfekte Zeitpunkt für Fortschritte ist.

3

Warum ist dir das so wichtig? Ich dachte, Gott würde, was weltliche Angelegenheiten betrifft, keine eindeutige Position beziehen.

Willst du sagen, dass du ernsthaft Anteil daran nimmst, wie mein Leben und alles Leben auf der Erde sich entwickeln? Und wenn du wirklich der Gott dieses Universums bist und eine bestimmte Entwicklung bevorzugst, wie kannst du dann nicht bekommen, was du willst? Ich hoffe, das sind angemessene Fragen, denn manche Menschen wird verwirren, was du eben gesagt hast.

Jede Frage ist angemessen. Deine Chance (und die Chance eines jeden, der sich als jemand identifiziert, der es als Teil seiner eigenen evolutionären Reise begreift, anderen bei *ihrer* evolutionären Reise zu helfen) besteht darin, zu tun, was du kannst, um die Menschheit aufzuwecken, und zwar in erster Linie durch dein Verhalten. Denn es geht darum, was du tust, wie du in der Welt bist, da das die Leute wachrüttelt, sodass sie verblüfft sehen, welche Möglichkeiten ihnen offenstehen.

Weniger wichtig, aber ebenfalls wertvoll ist das, was du zu anderen sagst. Wenn du den Mut aufbringst, Worte und Ideen zu äußern, die nicht allgemein akzeptiert sind, kannst du für viele Menschen ein Tor zu größerer Klarheit öffnen.

Nun zu deiner Frage: Ich »wünsche« mir, dass du und andere die Menschheit aufwecken, nicht mehr als ich mir überhaupt irgendetwas »wünsche«.

Mache dir das bitte klar. Gott lebt nicht in einem Zustand des Mangels. Gott kann alles haben, was Gott sich wünscht.

Und doch hat Gott Wünsche. Gottes Wünsche sind der Treibstoff der Schöpfung. Göttlicher Wunsch, Gottes Verlangen, ist die Energie des Universums.

Okay, dann werden wir das Wort »Verlangen« benutzen. Wenn es Gottes »Verlangen« ist, dass die Menschheit aufwacht – und ich nehme an, dieses Erwachen würde unser Überleben sichern und uns mehr Lebensqualität bescheren –, gibt es dann Grund, daran zu zweifeln, dass es geschehen wird?

Gottes Verlangen besteht nicht darin, dass ein bestimmtes Resultat eintritt, sondern dass die fühlenden Wesen in Gottes Universum uneingeschränkt dazu ermächtigt sind, das zu erschaffen, was sie sich wünschen.

Wenn alle fühlenden Wesen des Universums keine Wahlfreiheit hätten, sondern nur das tun könnten, was Gott ihnen befiehlt, würdet ihr in einem Universum leben, das von Maschinen bevölkert wäre. Von Automaten, Robotern, Androiden.

Damit wäre die Absicht, die Gott mit der Erschaffung fühlender Wesen verfolgte, von Anfang an ad absurdum geführt – die darin besteht, Gott zu ermöglichen, sich als das zu erfahren, was Gott ist: der aus freiem Willen seine eigene Erfahrung Erschaffende.

Es ist entscheidend wichtig zu verstehen, dass Gott Schöpfer und Schöpfung zugleich ist. Zwischen diesen beiden gibt es keine Trennung.

Das weiß ich. Mir ist bewusst, dass es nichts gibt, was *nicht* Gott ist.

Genauso ist es.

Gott erlebt den Akt der »Schöpfung« daher nicht so, dass er allem, was Gott ist, Befehle erteilt, die ausgeführt werden müssen, sondern auf die genau gegenteilige Weise: indem Gott allen seinen Schöpfungen die Freiheit und Macht verleiht, alles zu erschaffen, was sie sich wünschen.

Auf diese Weise demonstrieren die Teile Gottes die fundamentale Eigenschaft des Ganzen:

Freiheit.

Die absolute Freiheit, zu erschaffen, wie es nur ein Reiner Schöpfer vermag, ohne jede Einschränkung.

Das ist die Macht, die allen fühlenden Wesen geschenkt wird. Es ist die Macht, die den Menschen geschenkt wird.

Verstehst du nun? Es ist nicht mein Wunsch, mein Verlangen, dass die Menschheit vollständig erwacht. Mein Wunsch ist es, dass ihr immer die Macht habt, alles zu erlangen und zu erschaffen, auszudrücken und zu erleben, was ihr euch wünscht. Wenn das bedeutet, erwacht zu sein, wunderbar. Wenn es bedeutet, nicht zu erwachen, auch gut. Ich kenne in dieser Frage keine Vorlieben, außer dass erfüllt wird, was ihr euch wünscht.

Warum sprichst du dann die Dritte Einladung aus? Mir scheint es dabei nicht darum zu gehen, dass wir zu dir kommen, sondern dass du zu uns kommst.

Aber ihr *kommt* doch zu mir! Ihr bittet mich, ihr *alle* bittet mich um Hilfe. Alles, was ihr denkt und sagt und wofür ihr betet, sagt mir, dass ihr euch wünscht, dass euer Leben sich verändere. Und dass ihr wollt, dass das Leben auf der Erde insgesamt anders wird.
Glaubst du, ich würde das nicht hören?
Und klar ist, dass sich euer persönliches Leben und das Leben eurer Spezies nur dann verändern wird, wenn ihr erwacht. Daher ist das Erwachen eure Agenda.
Es ist *eure* Agenda, es sind *eure* Gebete, es ist das, was *ihr* euch wünscht. Meine Rolle besteht einfach darin, euch die Möglichkeit zu geben, das zu erschaffen, was ihr euch wünscht.
Deshalb habe ich die Dritte Einladung an euch ausgesprochen.

Es tut mir leid, aber es fühlt sich immer noch so an, als ob eine »Einladung« bedeutet, dass *du* auf *uns* zugehst.

Ich werde darauf antworten. Aber beantworte zunächst du mir eine Frage, die sich gewiss auch andere stellen werden, die unser Gespräch verfolgen: Warum ist das so wichtig für dich? Warum verwendest du so viel Zeit auf die Frage, wer wen eingeladen hat?

Weil dann, wenn das Ganze von *dir* ausgeht, manche von uns das starke Gefühl haben werden, dass es ein Befehl ist, keine Chance, eine Anordnung, keine Einladung. Ich weiß, dass du keine »Befehle« erteilst und uns keine »Gebote« auferlegst, aber deine Einladung könnte von manchen Menschen so aufgefasst werden, als wäre es einer dieser Gangsterfilme, in denen Don Corleone sagt: »Ich werde ihm ein Angebot machen, das er nicht ablehnen kann.«
Nicht, dass ich dich mit einem Gangster vergleichen will, aber … ich meine … wer könnte denn eine Einladung Gottes zurückweisen?

Viele tun das.

Okay, ich hätte besser nicht fragen sollen … aber die eigentliche Frage lautet doch: Ist das ein »Befehl« Gottes? Eine göttliche Anordnung, der wir Folge leisten müssen?

Nein. Wie du selbst gesagt hast, erteile ich keine »Befehle«. Ich habe dieses Bedürfnis gar nicht. Betrachte es so: Wenn ein lieber Freund an deine Tür klopft, bist *du* dann zu *ihm* gegangen oder ist er zu dir gekommen?

Natürlich ist er zu mir gekommen.

Und wenn du die Tür öffnest und ihn hereinbittest, ist dieses Hereinbitten dann ein Befehl, oder ist es eine liebevolle Reaktion darauf, dass er an deine Tür klopfte?

Schön. Eine hübsche Analogie. Du sagst also, dass wir an deine Tür geklopft haben.

Mein Freund, ihr rennt sie mir regelrecht ein! Du selbst und die halbe Menschheit. Hörst du denn den lautesten Ruf deiner Spezies nicht?
»Hilfe! Möge uns bitte jemand helfen, uns zu verändern!«

Ja, ich höre ihn. Er kommt aus meinem eigenen Herzen. Ich höre ihn.

Und deshalb habe ich die Dritte Einladung an euch ausgesprochen.

Da sind immer noch die, die sagen werden: Du bist hier der Gott, nicht wir. Statt uns Menschen dazu einzuladen, unsere eigene Spezies aufzuwecken, warum weckst *du* sie nicht einfach auf?

Dann musst du wieder und wieder zu ihnen sagen: Gottes Funktion besteht darin, *euch die Macht zu verleihen*, eure Wünsche *selbst* zu verwirklichen – nicht, sie *für euch* zu verwirklichen.

Meine Rolle ist es, euch die Freiheit und die Mittel
zu schenken, eure eigene Realität zu erschaffen,
eure eigene Zukunft.
Der Punkt ist, dass *ihr* die Rolle des Schöpfers
übernehmen müsst.
Meine Absicht für die Menschen bestand nie darin,
euch zu Fließbandarbeitern zu machen, die zusam-
menbauen, was andere konstruiert und entworfen
haben. Meine Absicht bestand von Anfang an darin,
euch den Zeichentisch zu überlassen, sodass ihr *eure
eigenen* Entwürfe erschafft und verwirklicht.

Dann bist *du* der Fließbandarbeiter, der zusammen-
baut, was wir entworfen haben?

Jetzt sage ich: »Hübsche Analogie.«
Das Montageband stellt die Mittel zur Verfügung,
mit denen der Konstrukteur Ideen zu Realitäten
macht. In diesem Fall gibt es allerdings ein paar Ein-
schränkungen. Ich werde nicht die Teile zusammen-
bauen, um dann die ganze Fabrik in die Luft zu jagen.
Metaphorisch gesprochen, natürlich.

Wir können also durchaus unserem Leben hier auf
der Erde ein Ende setzen …

… wenn es das ist, was ihr wollt …

… aber wir können das Montageband oder die Fabrik
nicht »demontieren«. Wir können unsere lokale Realität beeinflussen, nicht aber die Höchste Realität.

Das ist richtig. Du hast es begriffen.

Um also bei deiner Metapher zu bleiben: Du lädst uns dazu ein, nicht unseren Zeichentisch anzuzünden.

Genau. Und euch bewusst zu werden, dass einige von euch – ein kleiner Prozentsatz, aber genug, um für eure Spezies zur Gefahr zu werden – sich wie Kinder verhalten, die mit Streichhölzern spielen.

Oh-oh!

Ja. Aber das macht diese Zeit zu einer Perfekten Zeit für Fortschritte, nicht wahr?

Weil wir dabei sind, uns die Finger zu verbrennen?

Hübsche Metapher.
Ja, und um bei ihr zu bleiben: Ihr spürt die gefährliche Hitze, aber es ist noch nicht zu spät, die Streichhölzer wegzulegen.

4

Ich weiß, es wirkt oft nicht so, aber wir Menschen wollen wirklich gerne überleben. Deshalb rufen wir um Hilfe. Die meisten Menschen sagen, das »Überleben« wäre der wichtigste Instinkt.

In Wirklichkeit ist das Überleben nicht euer wichtigster Instinkt. Würdet ihr eurem wichtigsten Instinkt folgen, wäre das Überleben eurer Spezies zu keiner Zeit in Gefahr. Es wäre garantiert.

Ich weiß.

Der wichtigste, zentrale Instinkt eines jeden Menschen ist es, seine oder ihre Wahre Identität auszudrücken – und das ist eure Göttlichkeit.
Nach menschlichen Begriffen handelt es sich hierbei um Reine Liebe. Liebe, die nicht an Bedingungen geknüpft ist und sich um jeden Preis ausdrücken möchte.
Das ist der fundamentale Impuls. Deshalb rennen Menschen in ein brennendes Haus, wenn sie darin ein Kind schreien hören, statt davonzulaufen.
Auf der höchsten Ebene wägen die Menschen, wenn eine so dringende Entscheidung getroffen werden muss, nicht ihre Überlebenschancen ab, während

das Kind schreit. Sie tun, was ihrer Wahren Natur entspricht.

In solchen Augenblicken ist euch klar, dass ihr nicht aufhören könnt zu existieren. Eure Seele, die Essenz eures Seins, lebt ewig – und ganz tief in euch wisst ihr das. Die Frage ist nicht, *ob* ihr überlebt, sondern *wie* ihr lebt – sei es für weitere zwanzig Jahre oder für zwanzig Minuten.

Natürlich hegt ihr den starken Wunsch, in eurer gegenwärtigen physischen Gestalt länger als weitere zwanzig Minuten zu leben, aber euer Basisinstinkt, Göttlichkeit zum Ausdruck zu bringen, indem ihr zur Verkörperung bedingungsloser Liebe werdet, ist stärker als dieser Wunsch.

Leider erlebt nicht jedes Mitglied eurer Spezies im Alltag diese Ebene der Klarheit. Tatsächlich sind es nur sehr wenige.

Es ist leicht, sich im Labyrinth des Lebens zu verirren. Nur in besonders kritischen Augenblicken, wenn es hart auf hart kommt, verhalten sich die meisten Menschen so, als hätten sie »den Verstand verloren«. Sie folgen dann, statt sich auf die Logik des Verstandes zu verlassen, dem Impuls ihrer Seele.

Würden die Menschen in jedem Augenblick dem Impuls ihrer Seele folgen, könnten sie in nur einem Tag den Himmel auf Erden erschaffen. Das würde ihnen gelingen, wenn sie jede Minute jedes Tages als Augenblick betrachten würden, in dem ein Haus brennt. Als Augenblick, in dem wir mühelos und sofort Zugang zu den besseren Engeln unserer Natur finden.

Das ist es, was die, die sich dafür entscheiden, beim Erwachen eurer Spezies zu helfen, tun werden.

Sie werden in jedem Augenblick dem Impuls ihrer Seele folgen, und sie werden andere ermutigen, dies ebenfalls zu tun.

Dabei solltet ihr aber nicht vergessen, dass ihr eine sehr junge Spezies seid, weswegen bislang nicht viele von euch den Grund eures Hierseins auf der Erde verstehen und wirklich begreifen, was euer ewiges Leben mit Gott bedeutet.

Wenn Menschen sich vorstellen, dass es überhaupt ein ewiges Leben geben könnte, glauben die meisten, es handele sich dabei um eine Art ewige Belohnung oder Bestrafung. Sie betrachten das Königreich Gottes als Meritokratie. Deshalb haben sie eine Welt erschaffen, in der sich alles um Belohnung oder Strafe dreht, womit sie in der physischen Realität ihr völlig unzutreffendes Verständnis der Höchsten Wirklichkeit abbilden.

Ja, ja, ich weiß. Mit diesen falschen Auffassungen haben wir uns schon in früheren Gesprächen beschäftigt.

Kehren wir wieder zu dem bereits erwähnten Punkt zurück, dass die meisten von euch sich wünschen, eure Spezies möge auch weiterhin in ihrer gegenwärtigen physischen Form existieren.

Ihr möchtet, dass eure Kinder und Enkelkinder die gleichen Chancen und Möglichkeiten vorfinden wie ihr – die Möglichkeit, diesen wunderbaren physischen Planeten zu erleben, diese ganz spezielle und schöne Umwelt und diese besondere Ausdrucksform des Lebens.

Doch liegt darin eine Ironie. Zwar sagt ihr, dass ihr euch den Fortbestand eurer Spezies wünscht und ihre Lebensbedingungen verbessern wollt, doch viele von euch tun Dinge, die diesen Fortbestand schwierig machen.

Nicht mit Absicht.

Nein. Nicht mit Absicht. Aber genau das ist der Punkt. Die Art und Weise, wie ihr euer kollektives Leben führt, zeigt, dass eure Spezies noch nicht wirklich ihrer »Bestimmung« folgt. Viele von euch sagen das eine, tun aber das andere.

Und das ist die wichtigste Frage, der sich die Menschheit gegenübersieht, wenn ihr wirklich diesen Perfekten Zeitpunkt für Fortschritte innerhalb eurer Spezies nutzen wollt, was es euch erlauben würde, weiterhin in einer wunderbaren und angenehmen Version physischer Umwelt zu existieren.

Allerdings benötigen wir hierbei ein wenig Hilfe, denn unsere »Version einer physischen Umwelt« ist für viel zu viele Mitglieder unserer Spezies gar nicht so wunderbar und angenehm.

Die meisten Systeme, die wir geschaffen haben, um ein besseres Leben für uns alle zu verwirklichen, haben nicht zum gewünschten Ergebnis geführt.

Zum Beispiel haben unsere politischen Systeme ständigen Streit und Unordnung hervorgebracht. Unsere ökonomischen Systeme haben immer mehr Armut und massive wirtschaftliche Ungleichheit erzeugt. Unsere Gesundheitssysteme sind nicht annähernd in der Lage, allen Menschen Zugang zu moderner Medizin und einer guten Gesundheitsversorgung zu ermöglichen. Unsere Sozialsysteme erzeugen immer mehr Unzufriedenheit und Ungleichheit, sind häufig völlig ungerecht.

Und, was am traurigsten ist, unsere spirituellen Systeme haben allzu oft bittere Selbstgerechtigkeit, schockierende Intoleranz, weitverbreitete Wut, tief sitzenden Selbsthass und selbstgerechte Gewalt hervorgebracht.

Siehst du, was ich meinte, als ich sagte, dass du bereits erwacht bist? Du beobachtest hier sehr klar. Natürlich gibt es Ausnahmen, aber die Beweise dafür, wie zutreffend deine Einschätzung im Großen und Ganzen ist, sind überall auf der Welt deutlich sichtbar.

5

Aber ich möchte gar nicht auf dem herumreiten, was »falsch läuft«. Ich möchte darüber sprechen, wie einfach es für uns sein kann, die Dinge zu ändern, indem wir mit unserem kollektiven Bewusstsein einfach einen Gang höher schalten.

> Es wird in der Tat einfach sein. Bemerkenswert einfach.
> Ihr könnt »die Dinge ändern«, aber nur, wenn ihr wisst, was genau ihr verändern wollt. Eine Diskussion darüber, was gerade nicht gut funktioniert, kann sehr nützlich sein, weil sie der Menschheit ermöglicht, sich darüber klar zu werden, wo Verbesserungen wünschenswert sind.
> Das gilt besonders für Menschen, die normalerweise eine »Vogel-Strauß-Mentalität« an den Tag legen, also nichts »Böses« sehen und hören oder darüber sprechen wollen, weswegen sie gerne die Augen vor Missständen verschließen.

Ja. Aber ich sehe schon, wie die Apologeten in Stellung gehen und sagen: »Nun mal langsam! Wir haben doch schon enorme Fortschritte gemacht!« Und wenn sie einwenden, dass die Lage früher viel schlechter war, stimmt das sogar.

Und was würdest du ihnen entgegnen?

Ich würde sagen: »Ja, aber *soll das alles sein?* Soll sich unsere globale Menschheitserfahrung auf das bisher Erreichte beschränken?« Wäre es nicht gut, wenigstens sagen zu können, dass unsere Spezies endlich *zivilisiert* geworden ist?

Dann würde ich sie einladen, sich selbst ein Urteil zu bilden. Ich würde auf Dinge hinweisen, die vielen Menschen gar nicht bekannt sind – oder über die sie nicht nachdenken. Nicht nachdenken *wollen*.

Als da wären?

Da wäre zum Beispiel die Tatsache, dass über 1,5 Milliarden Menschen jetzt in diesem Moment keinen Zugang zu Elektrizität haben, im 21. Jahrhundert. Und die Tatsache, dass noch mehr Menschen, 1,6 Milliarden, nicht einmal Zugang zu sauberem Wasser haben. Und die Tatsache, dass noch erheblich mehr Menschen, über 2,5 Milliarden, keine Toilette besitzen.

Manches davon mag man als bloße Einschränkung der Bequemlichkeit betrachten, aber diese Zustände haben enorme Folgen. Über 19 000 Kinder sterben auf diesem Planeten *täglich* an vermeidbaren Krankheiten wie Malaria, Durchfall und Lungenentzündung.

Und dann ist da dieses Problem, das wir, wenn wir das wollten, über Nacht lösen könnten: In jeder Stunde verhungern auf diesem Planeten 650 Kinder.

Währenddessen verfügen die 85 reichsten Leute

der Welt über mehr Geld und Besitz als 3,5 Milliarden Menschen ... das ist die Hälfte der Weltbevölkerung ... zusammen.

Viele Leute beharren darauf, dass dagegen überhaupt nichts einzuwenden sei. Zu diesen Apologeten würde ich sagen: »Was denkt ihr? Sind wir eine zivilisierte Spezies?«

Und was würden sie antworten, was glaubst du?

Nun, ich hatte schon manche solche Diskussion, und viele Leute gehen dabei in die Defensive. Besonders wenn sie zu jenem kleinen Prozentsatz der Weltbevölkerung gehören, der den größten Teil des Reichtums und der Ressourcen kontrolliert.

Sie antworten, dass die Besitzenden sich wirklich dafür einsetzen würden, den Wohlstand der »Habenichtse« zu erhöhen. Und viele von ihnen, wenn auch bei Weitem nicht alle, haben sich tatsächlich in dieser Hinsicht bemüht. Nicht die einzelnen Menschen sind das Problem, sondern die gesellschaftlichen Institutionen. Das »System«, so wie es aufgebaut wurde. Es sind die ökonomischen Strukturen und Verhältnisse.

Aber ihr seid eine junge Spezies, die noch nach dem für sie richtigen Weg sucht.

Das Resultat ist, dass viele unsere Spezies als »zivilisiert« beschreiben, trotz der Tatsache, dass wir immer noch Massenvernichtungswaffen bauen und tatsächlich gar mit deren Anwendung drohen, in einer Weltgemeinschaft, die es bis heute nicht schafft, einfach friedlich miteinander auszukommen. Und ich frage mich: Ist das zivilisiert?

Viele beschreiben unsere Spezies als »zivilisiert«, trotz der Tatsache, dass wir noch immer andere Menschen töten, um Menschen zu lehren, dass es nicht in Ordnung ist, Menschen zu töten – und wir sind blind für diesen doch eigentlich offensichtlichen Widerspruch. Und ich frage mich: Ergibt das irgendeinen Sinn?

Viele beschreiben unsere Spezies als »zivilisiert«, trotz der Tatsache, dass wir immer noch behaupten, ein liebender Gott wolle nicht, dass zwei Menschen gleichen Geschlechts, die einander lieben, heiraten – ja, dass er das selbst dann nicht wolle, wenn zwei heterosexuelle Menschen nicht die gleiche Hautfarbe haben oder nicht der gleichen Ethnie oder Kultur angehören. Und ich frage mich: Ist das unsere Definition von Liebe?

Viele beschreiben unsere Spezies als »zivilisiert«, trotz der Tatsache, dass wir immer noch andere Lebewesen brutal töten und ihr Fleisch verzehren, wobei wir vorgeben, dass diese Geschöpfe nicht über genügend Selbstbewusstheit verfügen, um unter der Art und Weise zu leiden, wie wir sie aufziehen und schlachten – oder dass es einfach egal ist, ob sie leiden, weil wir Menschen über sie *herrschen* und mit ihnen machen können, was immer wir wollen. Und ich frage mich: Soll das die angebliche »Menschlichkeit« sein, die wir uns zuschreiben?

Viele beschreiben unsere Spezies als »zivilisiert«, trotz der Tatsache, dass wir immer noch krebserzeugende Substanzen rauchen und essen und dabei ignorieren, wie sehr so viele von uns unter dem leiden, was wir uns damit antun, und dass wir immer noch Alkohol und Drogen missbrauchen und so tun, als könne man mit diesen Substanzen verantwortungsbewusst umgehen – während wir in Wahrheit überhaupt nicht mit ihnen umgehen können, sondern erleben, wie sie unsere Persönlichkeit verändern, die Wurzel unseres Seins. Und ich frage mich: Beweisen wir damit unsere Intelligenz?

Dass diese Zustände, die du beschreibst, heute auf so dramatische, offensichtliche Weise zutage treten, macht diese Zeit für euch zur Perfekten Zeit für Fortschritte.
Vor fünfzig Jahren – sogar noch vor zwanzig Jahren –, vor der enormen Verbreitung des Internets und der enormen globalen Reichweite der sozialen Medien, existierten diese Zustände auch schon, aber viel weniger Menschen nahmen von ihnen Notiz.

Ich verstehe, was du meinst. Für die Menschheit ist »die Zeit reif«, wirklich etwas zu verändern, weil sich heute *alle* informieren können – nicht nur ein paar Leute hier und da in einer Aktivistengruppe, einer akademischen Einrichtung oder Regierungsstelle. Alle können sich der herrschenden Probleme bewusst werden und sehen, wie verbreitet diese Probleme sind.

Kannst du dir vorstellen, dass auf einem Planeten, dessen Bewohner sich für ziemlich hoch entwickelt halten, 1,6 Milliarden Menschen keinen Zugang zu sauberem Wasser haben?

Dir ist also klar, dass ihr keine Probleme lösen könnt, von denen ihr nichts wisst – und dass das Wissen und der Austausch darüber etwas ist, was ihr feiern könnt, weil so das perfekte Klima dafür erzeugt wird, dass Probleme wirklich angegangen und Lösungen geschaffen werden.

Genau! Oder anders ausgedrückt, Notwendigkeit ist die Mutter neuer Erfindungen. Ich habe die große Hoffnung, dass das Abenteuer Menschheit eine der erfolgreichsten und freudigsten Ausdrucksformen des Lebens im ganzen Kosmos werden wird. Und mir ist klar, dass wir nur eine Entscheidung davon entfernt sind, dies zu erschaffen.

Und worin besteht diese Entscheidung?

6

Ich glaube, dass wir die weltweite Erfahrung unserer gesamten Spezies verändern können, indem wir die Entscheidung treffen, offen, aufrichtig und uneingeschränkt die Realität unseres Wahren Seins zu erkunden – und sie dann frei, freudig und vorbehaltlos zu akzeptieren.

Wunderschön formuliert.
Und das wird eine Entscheidung von enormer Wirkung sein, da sie in Bezug zu eurem individuellen evolutionären Prozess steht.
Denke daran, dass wir hier nicht nur davon sprechen, die Zustände auf der Welt zu verändern, sondern auch die Zustände im persönlichen Leben eines jeden Menschen, euren individuellen Alltag. Denn, wie schon gesagt: Damit beginnt es.
Bei der Dritten Einladung geht es darum, wie euer individuelles Leben funktioniert, wie es sich anfühlt und was sich darin als Nächstes manifestiert.
Ihr könnt euer Selbst transformieren, wenn ihr die Einladung, die Menschheit aufzuwecken, annehmt, denn es ist so, wie ich es gleich zu Anfang sagte:
Der schnellste Weg, das Wahre Selbst zu erwecken, besteht darin, einander aufzuwecken.
Wenn ihr beginnt, euch darauf zu konzentrieren,

werdet ihr erkennen, dass ihr bereits erwacht seid –
und allein darauf kommt es an.

Dadurch wird sich eure Art zu denken verändern,
eure Art zu sprechen und zu handeln, und die Art
zu *sein*, für die ihr euch in jedem Moment, jeder
Situation entscheidet.

Und das wiederum wird sich darauf auswirken, was
ihr in euer Leben zieht und wie ihr das erfahrt und
erlebt, was euch begegnet.

Die einzige Frage ist also, ob die Menschheit diese
eine große Entscheidung treffen wird. Aber ich glaube,
dass es möglich ist. Wir sind dazu in der Lage. Es ist
kein Luftschloss, völlig jenseits unserer Reichweite
und Möglichkeiten.

Vollkommen richtig. Allerdings erfordert es, und
lädt euch dazu ein, eine wunderbare Veränderung
eures individuellen und kollektiven Bewusstseins
vorzunehmen.

Eine Quanten-Expansion der menschlichen
Perspektive und Wahrnehmung. Eine gewaltige und
freudvolle Steigerung eurer Bewusstheit.

Aber, um es noch einmal zu betonen: Es ist möglich,
sonst würdest du nicht sagen, dass gegenwärtig die
Perfekte Zeit für Fortschritte ist.

Es ist nicht nur möglich, sondern es geschieht bereits.
Dieses Gespräch fände gar nicht statt – und niemand
würde sich dafür interessieren –, wenn eine solche

Veränderung nicht hier und jetzt sichtbar wäre und geschähe.
Für immer mehr Menschen ist das Erwachen der nächste Schritt.

Ich begreife die Dritte Einladung. Ich verstehe es vollkommen. Und so wird es auch allen anderen gehen, die das hier lesen. Ich gehe davon aus, dass viele Menschen sich gerne dafür entscheiden werden, ihre persönliche Evolution dadurch voranzutreiben, dass sie ihre Energien demütig dem Erwachen der Menschheit widmen, indem sie ihren kleinen Beitrag dadurch leisten, dass sie an ihrem eigenen Erwachen arbeiten.

Und um euch allen dabei zu helfen, dies zu vollbringen, seid ihr eingeladen, euch Höheren Aspekten der Einen Realität zuzuwenden, von der ihr integrale Bestandteile seid.

Moment. Warte. Gerade hatte ich das Gefühl, alles zu »kapieren«, was du hier bislang gesagt hast, doch jetzt komme ich nicht mehr mit.

Ich ermutige euch dazu, euch bewusst zu werden, dass ihr, was die Herausforderungen betrifft, mit denen eure Spezies gegenwärtig konfrontiert ist, nicht allein seid, sondern dass ihr auf Hilfe zählen könnt.

Ja, ich weiß, dass fast alle Menschen überall auf der Welt diese Sorgen teilen. Es gibt kaum Leute, die sich keine Sorgen wegen der Zukunft machen und nicht versuchen, jeder auf seine Weise, etwas beizutragen, um ein besseres Morgen zu erschaffen.

Die Herausforderung besteht darin, dass wir schon so vieles ausprobiert haben und doch bislang keine Antwort fanden. Wir haben, wie ich schon sagte, noch nicht einmal herausgefunden, wie wir einfach nur friedlich miteinander auskommen können, ohne uns gegenseitig umzubringen.

Dann ist es vielleicht an der Zeit, Hilfe von jenen anzunehmen, die das bereits herausgefunden haben.

Wie ich schon sagte, hat das praktisch jeder auf der Erde schon versucht und ist – bislang – daran gescheitert.

Dann wendet euch an jene, die nicht auf der Erde leben.

Wie bitte …?

Vielleicht ist die Zeit reif, euch von denen helfen zu lassen, die nicht auf der Erde leben, aber alles über das Leben auf der Erde wissen, auch wenn sie nicht von der Erde stammen.

7

Nun mal langsam! Welche Tür machst du denn jetzt auf?

> Eine Tür, die immer schon geöffnet war. Ihr seid nur noch nicht hindurchgegangen.

Sprechen wir hier über Außerirdische?

> Glaubst du denn, dass es Außerirdische gibt?

Ja, das glaube ich. Du hast mir selbst gesagt, dass es sie gibt. In *Gespräche mit Gott, Band 3*, vom 16. Kapitel bis zum Schluss, haben wir ausführlich darüber gesprochen.

> Und was habe ich dort gesagt?

Du hast gesagt, dass es im Universum viele hoch entwickelte Zivilisationen gibt. Nicht Dutzende, nicht Hunderte, sondern Tausende. Du hast ausführlich über »hoch entwickelte Wesen« gesprochen, für die wir die Abkürzung »HEWs« erfanden. Und du hast beschrieben, wie das Leben in hoch entwickelten Gesellschaften aussieht.

Darauf werden wir später in diesem Gespräch zurückkommen.

Okay, und ich möchte hinzufügen, dass nichts, was du über hoch entwickelte Zivilisationen anderswo im Universum sagtest, für mich jenseits des Möglichen zu sein schien. Mir erschien es keineswegs zu weit hergeholt. Schließlich leben wir in einem wahrhaft riesigen Universum. Wirklich weit hergeholt erscheint mir dagegen die Vorstellung, wir wären in diesem Universum die einzigen fühlenden Wesen. Die Wahrscheinlichkeit hierfür muss bei eins zu einer Trillion liegen.

Tatsächlich liegt sie bei null. *Selbstverständlich* gibt es andere fühlende Wesen. Sie sind überall.

Und diese Wesen sind bereit, uns zu helfen? Ist es das, was du uns sagen möchtest?

Ich sage, dass ihr nicht glauben müsst, ihr wäret allein auf euch selbst gestellt, wenn ihr die Einladung annehmt, eure Spezies zu erwecken.

Nun, das denken wir nicht. Immerhin hast du selbst gesagt, dass wir uns ja an dich gewandt haben. Wir haben an deine Tür geklopft. Wir haben uns an Gott gewandt. Genügt das nicht? Wir bitten Gott um Hilfe, und du sagst uns, wir sollen uns an *andere Lebensformen im Universum* wenden?

Göttlichkeit existiert in vielerlei Gestalt. Die Gestalt, die ihr angenommen habt, ist eine davon. Wenn ihr also erleben möchtet, dass Gott euch hilft, greift zunächst auf eure eigene höchste Weisheit zurück – doch zögert dann nicht, euch an alle Manifestationen des Göttlichen zu wenden, die euch Hilfe leisten können.

Überseht jene nicht oder schaut nicht durch sie hindurch, die vielleicht die Tür öffnen, wenn ihr anklopft.

Du sprichst hier wirklich von Lebewesen, die nicht von unserem Planeten stammen, richtig?

Ja, in der Tat.

Ich bin sicher, dass viele Menschen daran glauben, dass uns der Himmel beistehen wird, aber nicht *andere Lebensformen* im Himmel!

Es wäre kurzsichtig, diese Möglichkeit zu ignorieren oder zu leugnen.

Lass uns hier ganz klar sein und jedes Missverständnis ausschließen. Du sagst also, dass es im Universum andere Lebensformen gibt, die bereit sind, uns zu helfen?

Manche, ja. Nicht alle Lebensformen, aber manche. Nicht alle Lebensformen verfolgen gute Absichten.

Also, *das* klingt jetzt ein bisschen beängstigend.

Warum? Schließlich verfolgen ja auch nicht alle
Menschen gute Absichten. Auch unter euch gibt es
viele, die nicht bereit sind, ihren Mitmenschen zu
helfen. Sie fügen einander sogar Schmerz und Leid zu.

Ja, aber wir sind eine sehr junge Spezies. Und du
stimmst doch mit mir überein, dass viele Menschen
sich wie Kinder verhalten. Du hast gesagt, zahlreiche
der anderen fühlenden Wesen im Universum seien
viel fortschrittlicher als wir.

Das bedeutet aber nicht, dass sie in jedem Fall bereit
sind, euch zu helfen. Manche von ihnen sind
gewalttätig.

Es gibt anderswo im Universum fortschrittliche Lebensformen, die trotzdem gewalttätig sind?

Manche von ihnen, ja.

Wenn sie fortschrittlich sind, wie können sie dann
immer noch gewalttätig sein?

Es besteht ein Unterschied zwischen sehr fortschrittlichen und hoch entwickelten Zivilisationen.
Würden Menschen aus der Zeit vor 2000 Jahren
durch einen Zeitsprung in eure Gegenwart gelangen,
würden sie dann sagen, dass die heutigen Menschen
sehr fortschrittlich sind?

Ich denke schon, ja.

Und doch sind die heutigen Erdbewohner
gewalttätig, nicht wahr?

Ja. Leider ist das so.

Technologischer Fortschritt bedeutet also nicht
zwingend, dass eine Zivilisation auch moralisch,
ethisch oder spirituell hoch entwickelt ist – stimmst
du mir da zu?

Du bringst es auf den Punkt.

Geht also nicht davon aus, alle anderen Lebensformen im Universum seien bereit, auch beim
Aufwecken der Menschheit zu helfen.
Technologisch fortschrittliche Zivilisationen müssen
nicht automatisch auch hoch entwickelt sein.

Wären wir denn überhaupt in der Lage, den Unterschied zu erkennen? Beziehungsweise sind wir überhaupt in der Lage, uns für die Möglichkeit zu öffnen,
dass es hoch entwickelte Wesen, HEWs, gibt, die bereit sind, uns zu helfen? Ich meine, du sagst das hier,
aber sind wir in der Lage, uns auf eine Begegnung mit
diesen Wesen einzulassen, ohne in Panik zu geraten?
Und, was noch wichtiger ist, wie helfen diese hoch
entwickelten Wesen uns? Indem sie um uns herum-
schweben – wörtlich oder metaphorisch – und über
uns wachen, um sicherzustellen, dass wir uns selbst

nicht zu sehr schädigen? Indem sie uns ganz physisch besuchen und hier auf der Erde mit uns arbeiten? Oder indem sie von weit weg Ideen in unsere Köpfe pflanzen?

Gut. Fahre fort. Diese Fragen sind nicht unwichtig.

Und die Antworten?

Die Antwort auf alle diese Fragen ist Ja.

Hm, okay ... könntest du das etwas ausführlicher erklären?

Wir sollten deine Fragen eine nach der anderen behandeln.

Mach es, wie es für dich funktioniert.

Den Unterschied zwischen hilfsbereiten Lebensformen und Lebensformen, die nicht hilfsbereit sind, erkennt ihr an deren Schwingung.

Wow, was für eine »New-Age«-Antwort! Entschuldige ... ich meine ... tut mir leid ... aber ich höre schon unzählige Leute sagen: »Was für eine kitschige New-Age-Antwort. *Fühlt die Schwingung*, Brüder und Schwestern.«

Hast du schon einmal einen Raum, eine Bar oder ein Restaurant betreten und innerhalb von Sekunden entschieden, dass du dort nicht bleiben willst, und bist gleich wieder gegangen?

Hast du schon, in Vorbereitung auf eine Verabredung, ein Hemd angezogen und gleich wieder ausgezogen, weil du einfach spürtest, dass es nicht das passende Kleidungsstück für diesen Anlass war?

Bist du schon einmal einem Menschen begegnet, bei dem du sofort gemerkt hast, dass du mit ihm möglichst wenig zu tun haben möchtest? Oder, positiv betrachtet, hast du schon einmal »Liebe auf den ersten Blick« erlebt?

Klar. Die meisten von uns haben solche Dinge schon mehr als einmal erlebt.

Und hast du das dann für eine »kitschige New-Age-Erfahrung« gehalten oder einfach für einen natürlichen Teil des Lebens?

Danke, ich habe verstanden. Wenn wir die Schwingungen von Restaurants, Hemden und Menschen spüren können, können wir auch die Schwingungen anderer Lebensformen spüren – und so erkennen wir sofort, welche Wesen für uns angenehme Schwingungen und Hilfsbereitschaft ausstrahlen und welche nicht.

Ja.

Wenn ihr auf eure Empfindungen achtet, findet ihr zu den richtigen, klugen Entscheidungen. Vertraut auf die enorme Leistungsfähigkeit eurer Sinne, dann ergibt das Leben für euch Sinn! Wenn ihr von euren wunderbaren Sinnen keinen Gebrauch macht, agiert ihr ohne Sinn und Verstand!

Das sind wirklich clevere Wortspiele, aber …

Es waren keine Wortspiele, sondern ein genauer, korrekter Gebrauch dieser Worte, um euch eine sehr wichtige Botschaft zu vermitteln: Es ist für die Menschheit nicht dienlich, das, was hier gesagt wird, kurzerhand abzulehnen.

Okay. Aber wie können wir herausfinden, dass da hoch entwickelte Wesen sind, die uns helfen?

Keine Sorge, ihr werdet es einfach wissen. Es wird euch nicht verborgen bleiben. Vielleicht werdet ihr es anders nennen, aber entgehen wird es euch nicht.

Aber wenn wir es anders nennen, wissen wir doch gar nicht, was es wirklich ist.

Um von etwas zu profitieren, muss man nicht unbedingt wissen, was es ist.

Haben wir denn schon solche Hilfe erhalten? Du hast gesagt, dass es uns »nicht verborgen bleiben wird«. Damit redest du von der Zukunft. Beginnt diese Hilfe jetzt erst?

Ihr werdet euch dieser Hilfe jetzt bewusster.

Aber es gab sie immer schon?

Seit, für menschliche Begriffe, sehr langer Zeit, ja.

Aber wie hilfreich war diese Hilfe denn, wenn sie uns in *diese* Lage gebracht hat?

Eure Spezies ist in diese Lage genau zur Perfekten Zeit und auf die perfekte Weise gekommen.
Nach – in kosmischen Maßstäben – erstaunlich kurzer Zeit habt ihr diesen Punkt der Entscheidung erreicht und die Fähigkeit erlangt, die anstehende Entscheidung klar und deutlich zu sehen. Und die Zustände und Probleme, die du ablehnst, sind in Wirklichkeit ideal, weil euch durch sie eure Optionen für die Zukunft unmissverständlich vor Augen geführt werden.
Gemessen mit der Uhr des Universums haben die hoch entwickelten Wesen euch sehr rasch und effizient geholfen.

8

Okay, jetzt wird es *seeehr* interessant! Und ich muss sagen, ich kann mir sehr gut vorstellen, dass die HEWs schon lange über uns wachen. Immerhin gab es in den letzten Jahren so viele UFO-Sichtungen ...

In den letzten Jahren? Du solltest sagen: in den letzten Jahrhunderten ...

... okay, in den letzten Jahrhunderten, dass meiner Meinung nach zweifelsfrei feststeht: Wir werden beobachtet. Aber helfen diese Außerirdischen uns? Hindern sie uns daran, uns selbst Schaden zuzufügen? *Wie* tun sie das? Indem sie von außerhalb Ideen in unsere Köpfe pflanzen? Okay, vielleicht kann ich das sogar akzeptieren, es für möglich halten ... aber dass sie uns tatsächlich besuchen, uns physisch helfen?

Du hast doch selbst daran erinnert, dass wir uns im 3. Band von *Gespräche mit Gott* ausführlich mit den hoch entwickelten Wesen befasst haben.

Ja, aber nicht damit, dass sie uns helfen.

Nein, aber damit, dass sie existieren.

Hypothetische Existenz und aktive Hilfe – einschließlich Besuchen auf der Erde – sind zwei verschiedene Dinge. *Dramatisch* verschieden.

Einverstanden. Dass ihr diese Möglichkeit akzeptiert, ist Bestandteil der Dritten Einladung.

Ich dachte, die Einladung bestünde darin, dass wir *unsere* Spezies aufwecken, und nicht dass wir mit einer *neuen* Spezies bekannt gemacht werden. Meinst du also jetzt, dass es für das Aufwecken unserer Spezies notwendig ist, dass ich an die Existenz anderer Lebensformen glaube …

… Ich nehme an, die meisten Leute würden sie nicht HEWs nennen, sondern einfach von Außerirdischen sprechen …

… dass ich also an die Existenz von Außerirdischen glaube …

Lass sie uns weiterhin hoch entwickelte Wesen oder kurz HEWs nennen.

… und glaube, dass eine erwachte Spezies sich entschieden hat, uns zu helfen und uns auf der Erde besucht?

Du *musst* an überhaupt nichts glauben. Du kannst dich einfach deiner Mission widmen, deiner Spezies zum Erwachen zu verhelfen, ohne daran zu glauben, dass andere Spezies existieren oder gar dass HEWs euch auf der Erde helfen.

Aber du hast gerade gesagt, es sei Bestandteil der Dritten Einladung, dass wir diese Möglichkeit akzeptieren.

Es ist *Bestandteil* der Einladung. Aber die Einladung steht euch auch offen, wenn ihr es nicht akzeptiert.

Könntest du das etwas näher erläutern?

Kehren wir wieder zu der Tür-Analogie zurück. Wenn du an meine Tür klopfst und ich bitte dich herein und sage: »Oh, du kommst genau richtig! Ich habe gerade ein paar leckere Vorspeisen zubereitet«, bedeutet das nicht, dass du, wenn du dich von mir hereinbitten lässt, unbedingt von den Vorspeisen essen musst.

Verstehe. Ich kann zu der Party kommen, ohne etwas essen zu müssen, was mir nicht schmeckt.

So ist es.

Ich kann die Einladung annehmen, beim Erwachen unserer Spezies mitzuhelfen, ohne daran glauben zu müssen, dass *andere* Spezies uns helfen und uns besuchen.

Ja. Die eine Entscheidung ist nicht an die andere gebunden.

Das fühlt sich besser an. Es fühlt sich freier an.

Freiheit wirst du *immer* haben, werdet ihr *immer* haben. Das ist mein Versprechen an euch. Das ist meine ewig geltende Zusage.

Ich weiß, und ich danke dir. Du hast das immer wieder gesagt, und ich nehme es als dein größtes Geschenk an uns dankbar an.

Sagen wir, ich bin zumindest bereit, diese Ideen zu erforschen, die du hier zur Sprache bringst. Als eine Möglichkeit. Sagen wir, ich bin bereit, sie als Möglichkeit zu erforschen. Worauf ich eigentlich hinauswill, ist die Frage, *wie* ich helfen kann, unsere Spezies aufzuwecken, und wie eine erwachte Menschheit aussehen würde – wie würde sie ihr Leben erfahren und was würde sie erschaffen?

Im erwähnten 3. Band deines Gespräches mit mir habe ich das detailliert beschrieben – sehr detailliert.

Das stimmt, und ich möchte mir dies gerne noch einmal anschauen. Ich habe bereits das meiste von dem, was du gesagt hast, vergessen. Ich finde es erstaunlich, wie oft wir das vergessen, was eigentlich von großem Wert von uns wäre.

Ja, das ist Teil der menschlichen Erfahrung, das stimmt. Aber dagegen hilft Wiederholung. Wir werden also das damals Gesagte hier noch einmal zusammenfassen – und auch einige wenige wesentliche Punkte aus unseren anderen Gesprächen.

Was mich betrifft, sehr gerne. Ich kann eine Auffrischung vertragen. Aber jetzt im Moment kann ich einfach das Offensichtliche nicht ignorieren. Ich kann nicht so tun, als hättest du das, was du eben sagtest, nicht gesagt.

Du hast nicht einfach gesagt, dass im Universum hoch entwickelte Wesen existieren, sondern auch, dass sie uns ganz direkt ihre Hilfe anbieten – und uns sogar besuchen.

Wie schon gesagt, sind das zwei dramatisch unterschiedliche Informationen.

Wir können uns mit beiden Fragen befassen. Die Untersuchung der zweiten Frage wird auch die erste beleuchten. Während dieses wunderbaren Augenblicks in der Evolution eurer Spezies ist es segensreich, wenn ihr viele Facetten des Lebens erforscht. Das sollte unvoreingenommen und offen geschehen. Bewahrt immer eine offene Geisteshaltung. Alles ist möglich. Besonders Dinge, über die ihr nichts wisst. Du würdest doch nicht glauben, dass etwas unmöglich wäre, über das du nichts weißt, nicht wahr?

Viele Menschen tun das aber die ganze Zeit.

Aber du und andere wie du – ihr seid anders. Ihr habt euch eine offene Geisteshaltung bewahrt.
Du sitzt hier und führst ein Gespräch, das andere – *viele* andere – ein Ding der Unmöglichkeit nennen würden, eine Illusion oder gar eine Gotteslästerung.

Du führst ein Gespräch mit Gott. Und hältst das für selbstverständlich.

Warum auch nicht? Du selbst hast mir in früheren Gesprächen gesagt, ich sollte zumindest die *Möglichkeit* in Erwägung ziehen, dass es in Bezug auf das Leben und Gott etwas gibt, das ich nicht völlig verstehe. Und wenn ich es verstehe, würde sich dadurch alles ändern. Das habe ich auf meine Erfahrungen angewendet. Ich bin mir heute völlig darüber im Klaren, dass wir alle in der Lage sind, Verbindung zur höchsten Quelle der Weisheit in uns – die ich Gott nenne – aufzunehmen, wann immer wir das brauchen oder wünschen.

Wir alle tun das seit Jahren. Seit unserer Geburt! Alle Menschen sprechen ständig mit Gott. Viele wissen es nur nicht. Oder sie nennen es anders. Jedenfalls ist das *meine* Beobachtung, *meine* Erfahrung.

Du kannst also akzeptieren, dass *Gott* mit dir kommuniziert, bist dir aber nicht so sicher, ob hochentwickelte Wesen euch helfen?

Guter Punkt. Ich nehme an, die zweite Idee klingt für mich mehr nach Science-Fiction. Es fällt mir etwas schwerer, sie ohne Zögern zu akzeptieren. Ich meine, selbst die organisierten Religionen sprechen von »Offenbarungen« – Augenblicken wunderbarer Klarheit, Erkenntnissen, die vermutlich von Gott kommen –, aber dass von der Kanzel über hoch entwickelte Wesen gepredigt wird, die uns ihren Rat anbieten, höre ich eher selten.

Es ist also eine verblüffende Idee, schwieriger zu akzeptieren.

Doch du findest es auch in unserem früheren Gespräch, das du Band 3 nennst.

Tatsächlich? Das habe ich vergessen.

Dort sagte ich: »Wenn alle Angehörigen eurer menschlichen Rasse die Meisterschaft erlangt haben, wird eure Rasse als Ganzes (denn sie *ist* ein Ganzes) sich mit Leichtigkeit durch Zeit und Raum bewegen, denn ihr werdet die physikalischen Gesetze, so wie ihr sie versteht, gemeistert haben. Ihr werdet dann bestrebt sein, Angehörigen anderer Rassen und Zivilisationen beizustehen, damit sie ebenfalls zur Meisterschaft gelangen.«
Und du erwidertest: »So wie es Angehörige anderer Rassen und Zivilisationen es jetzt mit uns machen?«
Worauf ich antwortete: »Richtig. Genau.«
Es sollte dich also eigentlich nicht überraschen, dass dieses Thema wieder zur Sprache kommt.

Weißt du, ich hatte ganz vergessen, dass du das damals sagtest.

Meine Botschaften, die ich dir im Lauf der Jahre übermittelte, waren kohärent. Du erinnerst dich nur nicht kohärent an sie.

9

Ich gebe gerne zu, dass es nicht gerade meine starke Seite ist, mich an all das zu erinnern, was ich weiß und als Botschaften aus all den wunderbaren Weisheitsquellen in meinem Leben empfangen habe. Mit mir ist es so, wie mein Vater zu sagen pflegte: »Zu früh alt und zu spät klug geworden.«

Dessen ungeachtet will ich all meine Energie dafür einsetzen, meinen Beitrag zum globalen Bemühen zu leisten, unsere Spezies erwachen zu lassen. Also macht es mich sehr glücklich, dass ich dazu inspiriert wurde, in dieses neue Gespräch mit dir einzusteigen.

Aber weißt du was? Ich denke, dass ich in meinem Leben durchaus schon etwas zu diesem globalen Bemühen beigetragen habe. Nicht nur ich, sondern auch viele andere, einfach dadurch, wie sie sich mit anderen austauschen und mit ihnen umgehen. Vielleicht muss ich die Dritte Einladung also gar nicht mehr annehmen. Vielleicht habe ich das schon vor langer Zeit getan.

Ja, viele von euch tun bereits, was ein Mensch tun würde, der diese Einladung annimmt und dementsprechend handelt, aber die meisten von euch tun es nicht bewusst und nicht mit Absicht.

Ihr habt das auf liebenswürdige, großzügige und aufrichtige Weise getan, aber nicht aufgrund einer gezielten Absicht. Doch die Absicht ist entscheidend. Denn durch sie legt ihr die energetische Signatur der nachfolgenden Ereignisse fest.

Du kannst in dein Auto steigen, losfahren und alles tun, was ein guter Autofahrer tun würde, aber wenn du keine klare Absicht hast, wohin die Reise gehen soll, wirst du an kein Ziel gelangen.

Das kenne ich.

Wenn du aber jetzt sagst, dass von diesem Tag an deine *Absicht* darin besteht, mit allem, was du denkst, sagst und tust, zum Erwachen eurer Spezies beizutragen – und zwar als Teil deiner Selbstentfaltung auf deiner individuellen evolutionären Reise –, dann wirst du zu ganz anderen Resultaten gelangen.

Genau darum geht es bei der Dritten Einladung, und sie richtet sich an alle, nicht nur an dich. Das Gespräch, das wir hier gerade führen, richtet sich an alle, die »zufällig« darauf stoßen. Du weißt, wer du bist, sonst wärest du nicht hier.

Das Erwachen der anderen wird nicht zufällig geschehen, oder als nettes, nicht gezielt angestrebtes Resultat, sondern als *beabsichtigte Folge* der persönlichen Evolution all jener, die sich bewusst dafür entscheiden, die Einladung anzunehmen, die hier ausgesprochen wird.

Ein wichtiger Schritt hin zum Erwachen eurer Spezies

besteht darin, dass ihr euer persönliches Wachstum – und eure Mühen auf diesem Weg – öffentlich macht, um als Vorbild für andere zu dienen.

Das ist heftig, eine Riesensache – schon allein der Gedanke.

Trotzdem: Wenn ihr dazu bereit seid, werden eure Reise durch den Alltag und die Entscheidungen, die ihr von Augenblick zu Augenblick trefft, sich viel stärker auf eure Evolution auswirken – sie werden euch vom kleinen Du zum großen Du, vom lokalen Du zum globalen Du, vom einzelnen Du zum kollektiven Du führen.
Wenn ihr alle es ermöglicht, dass euer persönlicher evolutionärer Prozess von anderen beobachtet werden kann, wird dadurch der evolutionäre Prozess der gesamten Menschheit gefördert und beschleunigt.
Glaubt mir, diese Zeit ist perfekt für Fortschritt und Evolution!

Aber wie kann jemand das tun, ohne der Versuchung zu erliegen, selbstgefällig und großspurig zu werden? Ich möchte mich nicht der Selbsttäuschung hingeben, dass ich die Hoffnung unserer Spezies wäre. Und ich möchte auch nicht unbeabsichtigt andere dazu verführen. Würde ich nicht Gefahr laufen, unbeabsichtigt mich selbst in einen künstlich überhöhten Bewusstseinszustand zu versetzen, den ich nur als »manisch« oder gar »gestört« bezeichnen kann, und zu glauben, ich hätte einen göttlichen Auftrag und gehörte zu den Auserwählten, die ihn ausführen werden?

Damit wir uns nicht missverstehen: Es geht nicht darum, dass ihr herumlauft und euch als Vorbild an Vollkommenheit und Beispiel für herausragende evolutionäre Fortschritte selbst beweihräuchert. Ihr sollt nur einfach eure persönlichen Entscheidungen nicht verbergen, sondern euch in authentischer Weise der Welt zeigen: eure Mühen und eure Fortschritte auf dem Weg zum vollen Erwachen.
Wenn ihr ernsthaft, aufrichtig und demütig anerkennt, dass euer persönlicher innerer Prozess nicht anderen gewidmet ist und es ganz gewiss nicht eure Absicht ist, »die Welt zu retten«, sondern einfach nur nach besten Kräften eure individuelle, persönliche Evolution voranzutreiben, und wenn ihr darüber dann ohne viel Aufhebens mit jedem sprecht, der euch nach der Veränderung eures Verhaltens fragt – denn andere werden es bemerken –, dann werdet ihr der Gefahr, die du angesprochen hast, entgehen und eure Bodenhaftung nicht verlieren.
Und wenn ihr ernsthaft, aufrichtig und demütig eure sogenannten Unvollkommenheiten (für mich seid ihr so, wie ihr seid, vollkommen, aber darauf gehen wir später noch ein) akzeptiert und euch selbst als einen Menschen betrachtet und beschreibt, dessen Evolution »voranschreitet«, aber noch lange nicht abgeschlossen ist, vermeidet ihr ebenfalls die von dir angesprochene Gefahr.

Wenn ihr euch darüber im Klaren seid, dass ihr die Einladung, beim Erwachen der Menschheit mitzuhelfen, nicht angenommen habt, um in die Rolle eines Anführers zu schlüpfen, sondern um schlicht und bescheiden anderen zu berichten, dass ihr selbst einer tief aus eurem Inneren kommenden Führung folgt und dadurch nun erkennt, dass es einen anderen Weg des Menschseins gibt – einen Weg, auf dem ihr demütig danach strebt, euch selbst und anderen mehr Gutes zu tun –, werdet ihr niemals zu Selbstverherrlichung neigen.

Also, ich habe ganz gewiss genug Unvollkommenheiten, die mich davon abhalten, mich als eine Art spirituellen »Führer« zu betrachten. Alle, die mich kennen, werden dir das bestätigen.

Wenn du das im Bewusstsein behältst, musst du dir keine Sorgen machen.

Andererseits möchte ich aber auch nicht, dass wir so schlecht von uns selbst denken, uns so »unvollkommen« und »unterentwickelt« fühlen, dass wir glauben, das Erwachen sei für uns unerreichbar (ganz zu schweigen von dem Gedanken, wir könnten bereits erwacht sein). Und so unvollkommene Menschen wie wir seien überhaupt nicht in der Lage, anderen beim Erwachen zu helfen.

Wenn ihr einseht, dass das, was ihr selbst und andere unvollkommen nennen würden, in Wirklichkeit Teil eurer Vollkommenheit ist – und dass das natürlich für die »Unvollkommenheit« eurer Mitmenschen ebenso gilt –, werdet ihr eine wunderbare Ausgewogenheit erzeugen, die euch selbst und allen, deren Leben ihr berührt, gute Dienste leisten wird.

Diese Ausgewogenheit wird euch in die Lage versetzen, die Dritte Einladung anzunehmen, die darin besteht, euch selbst so zu lieben, wie ihr seid, während ihr jeden Tag in Bescheidenheit und Aufrichtigkeit danach strebt, dazuzulernen und euch weiterzuentwickeln. Ihr seid dann auch in der Lage, anderen die Erlaubnis zu geben, das Gleiche zu tun.

Ihr seid wunderschöne Wesen, die sich entwickeln und entfalten. Wie ich in diesen Gesprächen schon oft sagte: Würdet ihr euch so sehen, wie Gott euch sieht, würdet ihr sehr oft lächeln.

Es tröstet mich jedes Mal, das zu hören. Danke, dass du es wieder gesagt hast.

Gern geschehen.

Nun möchte ich gerne, dass wir näher darauf eingehen, wie unser Leben als erwachte Spezies aussehen würde – und wie die Menschen eine neue Art, auf dem Planeten Erde zu leben, erschaffen und erfahren können.

Und ich möchte kurz wiederholen, was du in unseren früheren Gesprächen über das Leben hoch entwickelter Außerirdischer sagtest.

Sehr gerne, aber zunächst musst du verstehen, dass ich nicht über Wesen »aus dem All« spreche, wie du sie definiert hast.

Was meinst du mit »wie ich sie definiert habe«? Das All, der Weltraum, ist, was es ist. Es ist der Teil des Kosmos außerhalb unseres Planeten. Es ist das gesamte Universum außerhalb der Erdatmosphäre. So definiere ich es. Wie würdest *du* es definieren?

Nun, ich werde euren metaphysischen Meister William Shakespeare zitieren:
»Es gibt mehr Dinge im Himmel und auf Erden, als Eure Schulweisheit sich träumt, Horatio.«

Und das heißt?

Das heißt, dass es in dem, was ihr »Weltraum« nennt, mehr Dinge gibt, als eure Kosmologie für möglich hält.
Wenn du von »Wesen aus dem Weltraum« sprichst, meinst du damit jenen Teil des Universums, *dessen du dir bewusst bist*. Doch ist das Universum viel größer und weit interdimensionaler, als du glaubst. Wesenheiten aus jenem begrenzten Teil von Alles-Was-Ist, den ihr »Weltraum« nennt, manifestieren sich gegenwärtig als physische Wesen, genau wie ihr auch. Und wie die Menschen sind auch nicht alle »Wesen aus dem All« friedfertig, worauf ich ja schon hingewiesen habe. Manche sind es, andere nicht. Und selbst jene die normalerweise friedfertig sind,

zeigen mitunter gewalttätiges Verhalten, so wie die Menschen sich ja auch als friedfertig betrachten und dennoch manchmal Gewalt anwenden.

Einfach ausgedrückt: Viele Menschen töten andere Menschen.

Genau. Wenn ich also über Wesen spreche, die euch helfen, und wenn ich anhand der Lebensweise dieser erwachten Zivilisationen die neue Lebensweise beschreibe, für die die Menschheit sich entscheiden kann, meine ich Wesen, die nicht aus jenen Himmelsregionen kommen, wo Wesen sich als ausschließlich oder überwiegend physisch erleben.

Jetzt bin ich gespannt.

Ich spreche von Lebensformen, die in einer anderen Dimension existieren.

Einer Dimension, in der die Wesen nicht-physisch sind?

Einer Dimension, in der sie es nicht sein *müssen*. Einer Dimension, in der sie so sein können, wie sie es wünschen. Sie können das »annehmen«, was du eine physische Form nennen würdest, es ist für sie aber nicht nötig, um die Erfahrung zu machen, für die alles Leben erschaffen wurde.

10

Ich finde das faszinierend, aber ich möchte wirklich gerne von dir wissen, wie eine erwachte Menschheit aussehen könnte beziehungsweise auf welche Art sie ihr Leben auf der Erde gestalten würde, doch jetzt wenden wir uns plötzlich einem anderen Thema zu …

> Vertraue bitte darauf, dass es lohnenswert für euch ist, wenn wir zunächst dieses andere Thema beleuchten. Ihr werdet dann besser verstehen, woher jene hoch entwickelten Wesen »kommen«, die eine Erfahrung erschaffen, über die eure irdische Spezies mehr erfahren sollte – und die sie sich durchaus zum Vorbild nehmen kann.

Gut, damit stellst du diese Abschweifung in einen anderen Zusammenhang. In Ordnung. Dann frage ich: Wenn diese Wesen keinen physischen Körper *brauchen*, warum nehmen sie dann überhaupt einen solchen an? Gott weiß – entschuldige meine Formulierung, aber Gott weiß –, dass *ich* das niemals tun würde, wenn ich es nicht müsste.

> Doch, das würdest du und hast es schon getan. Glaubst du, dass du gegenwärtig in einem physi-

schen Körper lebst, weil du das *musst?* Ich versichere
dir, dass du einen physischen Körper hast, weil du
dich bewusst dafür entschieden hast.
Schon allein diese Information kann deine ganze
Lebensweise verändern.

**Warum, um alles in der Welt, sollte ich mir das be-
wusst ausgesucht haben? Wenn ich frei von all den
unangenehmen Erfahrungen sein könnte, die das
Leben in einem physischen Körper mit sich bringt –
warum um alles in der Welt sollte ich diese Freiheit
dann freiwillig aufgeben?**

Du würdest sie aufgeben, wenn die physische Existenz dir ermöglicht, deine Absichten zu verwirklichen, und wenn du wüsstest, dass du auch während
deiner Zeit *in* einem Körper frei von unangenehmen
Erfahrungen sein kannst.

Das geht?

Ja, und im weiteren Verlauf dieses Gesprächs wirst
du erkennen, wie. Werde dir einstweilen einfach
bewusst, dass dies das ist, wovon du nichts weißt –
woran du dich nicht erinnerst –, und dass du dir
deshalb nicht vorstellen kannst, dich für ein Leben
in einem physischen Körper zu entscheiden, obwohl
du es nicht musst.
Und du »musst« überhaupt nicht sein. Du entscheidest dich nur dann dafür, in der physischen Welt zu
sein, wenn das der Verwirklichung deiner Absichten

dient. Und das ist gegenwärtig der Fall, sonst wärest du gar nicht hier. Das ist etwas, was jedes hochentwickelte Wesen weiß, ihr aber gegenwärtig nicht.

Das Problem besteht darin, dass ihr nicht wisst, was eure Absicht ist (die überwiegende Mehrheit der Menschen erinnert sich nicht daran) und es euch deshalb so *vorkommt*, als wäret ihr gegen euren Willen gezwungen, in einem physischen Körper zu existieren.

Das wirkt sich auf eure gesamte Erfahrung aus, ein Mensch zu sein. Ihr glaubt, ihr wäret nicht nur gegen euren Willen in eurem Körper »gefangen«, sondern dass auch alles, was ihr erlebt und womit ihr konfrontiert werdet, während ihr diese körperliche Existenz führt, gegen euren Willen geschähe. Das hat enorme Auswirkungen darauf, wie ihr mit euch selbst und anderen Menschen umgeht.

Die Dritte Einladung wird euch allen zuteil, um euch zu helfen, zu einer anderen Art des Umgangs mit euch selbst und untereinander zu finden, denn damit werdet ihr die Zukunft der Erde verändern.

Wenn ihr euch selbst aufgeweckt habt, werdet ihr endlich wissen, was eure Absicht ist – was der Grund ist, warum ihr lebt, warum es überhaupt *Leben* gibt. Dann könnt ihr euch dafür entscheiden, das zum Ausdruck zu bringen und zu erfahren. Und das wird anderen in eurer Umgebung helfen und sie ermutigen, auf die gleiche Weise an sich selbst zu arbeiten.

Wenn ihr nicht in der Lage wäret, all das zu begreifen,

käme dieses Gespräch gar nicht zustande. Und die, die es gerade jetzt verfolgen und lesen, würden auch das nicht tun.

Darauf hast du bereits hingewiesen.

In der Tat.
Jene, die sich ihrem eigenen uneingeschränkten Erwachen widmen und der Aufgabe, ihren geliebten Mitreisenden auf dem Planeten bei deren Erwachen zu helfen, haben sich bereits zu erkennen gegeben. Sie wissen, wie auch du, dass die Menschheit nur noch eine Entscheidung davon entfernt ist, ihre Zukunft für immer zum Besseren zu verändern, und zwar durch den Prozess, dass alle Menschen sich von Stufe zu Stufe weiterentwickeln, indem sie sich dafür öffnen und ihr Wahres Sein zum Ausdruck bringen.

Und hoch entwickelte Wesen tun das schon jetzt? Indem sie uns bei unserem Erwachen helfen und dafür physische Gestalt annehmen, bringen sie ihr wahres Sein zum Ausdruck und erfahren es? Ist es das, was du mir vermitteln möchtest?

Ja. Genau das ist der Grund, warum diese hochent- wickelten Wesen physische Gestalt annehmen. Ein Unterschied zwischen eurer Spezies und ihnen besteht darin, dass sie in der Lage sind, ganz nach Wunsch zwischen physischen und metaphysischen Zuständen hin und her zu wechseln, während die meisten von euch dies nicht bewusst steuern.

Deshalb gehe ich hier so ausführlich auf diese Dinge ein. Für dich persönlich wird es ein enormer Entwicklungsschritt sein, wenn du dich von der Idee löst, der Wechsel zwischen der physischen und metaphysischen Daseinsebene geschähe gegen deinen Willen.

Heute bezeichnet ihr den Wechsel vom physischen in den metaphysischen Bereich als »Tod«, und ihr glaubt, das sei das Schrecklichste, was euch passieren kann. Doch in Wahrheit ist dieses Ereignis einfach nur ein weiterer Schritt in eurem sich entfaltenden Evolutionsprozess.

Tatsächlich haben wir Angst vor dem Prozess, durch den wir unsere Entwicklung fortsetzen. Wir fürchten den Verlust unseres Körpers zutiefst – das, was wir »Tod« nennen – und versuchen deshalb, ihn um jeden Preis zu vermeiden.

Wirklich um *jeden* Preis, einschließlich der Preisgabe eures Bewusstseins – dessen, von dem ihr wisst, dass es »so ist«, und eurer tiefsten inneren Bewusstheit.

Dadurch entgeht euch, dass ihr in Wirklichkeit längst erwacht seid. Im Bestreben, euch zu »retten«, lasst ihr euer eigenes Selbst im Stich.

Diese Ironie zeigt sich im Verhalten einer jeden jungen fühlenden Spezies. Es ist die höchste Ironie eurer gegenwärtigen Erfahrung als Menschen.

Doch inzwischen beginnt ihr zu verstehen. Euer Erwachen beginnt, und ihr seid bereit dafür, die Einladung anzunehmen, andere zu erwecken. Aber ihr könnt andere nicht aufwecken, wenn ihr nicht wisst, was es bedeutet, *wach* zu sein.

Und deshalb unternehmen wir diese Abschweifung, wie du es nennst. Sie dient dazu, euch Folgendes wissen zu lassen: Ihr werdet zu der Erkenntnis erwachen, dass ihr mit eigener voller Absicht in eurem gegenwärtigen Körper lebt, nicht als Prüfung oder Strafe, nicht als etwas, dem zu entrinnen ihr kaum erwarten könnt, sondern weil dieses körperliche Dasein ein Weg ist, das zu erleben und zum Ausdruck zu bringen, wozu nur eine physische Existenz auf der Erde euch die schönsten und wunderbarsten Möglichkeiten bietet.

Nun, lass mich erklären, warum dieses Leben hier oft *wirklich* wie eine Prüfung oder Strafe wirkt.

Wenn ich all das richtig verstehe, dann können diese HEWs, von denen du sprichst, blitzschnell vom physischen in den metaphysischen Zustand wechseln und umgekehrt. Sie verkörpern und entkörpern sich augenblicklich, ganz wie es ihnen gefällt. Wir Menschen müssen dagegen, jedenfalls scheint es so, eine gewisse Zeit in der physischen Dimension verbringen – einige halten sich nur kurz hier auf, andere dagegen viele Jahre – aber in jedem Fall vergeht Zeit.

Hinzu kommt, dass Menschen jedes Mal, wenn sie aus der metaphysischen Ebene in die physische wechseln, wieder »von vorn beginnen« müssen. Wir müssen uns als Babys verkörpern und die Grundlagen des Lebens in einem physischen Körper immer wieder neu erlernen.

Für die hoch entwickelten Wesen aus einer anderen Dimension, das entnehme ich dem, was du über sie erzählst, besteht diese Notwendigkeit nicht. Du sagst, sie können spontan von einer Ausdrucksform in eine andere wechseln und als bereits voll entwickelte Wesen aus der »nicht-physischen« in die »physische« Realität eintreten, ohne erst einen körperlichen Entwicklungszyklus durchlaufen zu müssen.

Habe ich das alles richtig verstanden? Wenn ja, dann hätten sie uns gegenüber einen großen Vorteil. Wir dagegen sind gezwungen, jedes Mal »von vorn anzufangen«, wenn wir uns »verkörpern« möchten. Und wir müssen uns all den Schwierigkeiten und Herausforderungen aussetzen, die ein jahrelanges physisches Leben mit sich bringt.

Aber in Wirklichkeit ist das überhaupt kein Nachteil. Ihr tut nämlich genau das, was ihr tun wollt.
Dass ihr euch für eine physische Existenz entscheidet, hat andere Gründe als bei den HEWs. Ihr *wollt* die Erfahrung machen, euch vom Embryo zum Säugling, vom Kind zum Erwachsenen zu entwickeln, und auch das Altern erleben. Und ihr wollt das öfter als nur einmal erleben.
Wieder und wieder kehrt ihr in die physische Welt zurück, um diese Erfahrung zur Gänze auszukosten, weil ihr sie *in allen Aspekten* kennenlernen und verstehen wollt. So ermöglicht ihr es euch, euer Sein in seiner ganzen Vielfalt zu erschaffen und erleben.

Im Prozess dieser Selbsterschaffung schlüpft ihr in vielen Leben in alle möglichen Rollen. Opfer und Bösewicht, Unterdrückte und Unterdrückerin, stark und schwach, »richtig« und »falsch«, »gut« und »böse«.

Ich dachte, so etwas wie »richtig« und »falsch« gäbe es nicht. Ich dachte, vor Gottes Augen wäre niemand von uns »gut« oder »böse«.

Das ist völlig richtig. Ihr selbst bewertet menschliches Verhalten auf diese Weise, nicht Gott. Gott liebt euch und akzeptiert euch in all euren Entwicklungs- und Wachstumsprozessen, eurer Selbstentdeckung und Selbstverwirklichung.

Ich wünsche mir für euch, dass ihr selbst entscheidet, wer ihr sein möchtet und wie ihr das erleben möchtet – sodass ihr euer Wahres Sein entdeckt, nicht dadurch, dass ich euch etwas befehle oder auferlege, sondern indem ihr *euch selbst erschafft* und dabei aus allen Möglichkeiten und Optionen frei auswählt.

Dann kennt ihr die Macht und Herrlichkeit des Göttlichen aus eigener Erfahrung – ihr erfahrt göttliche *Freiheit* und *Willenskraft*.

So bringt ihr Göttlichkeit zum Ausdruck, statt dass ich sie euch gewähre. So erlebt ihr sie – und genau deshalb habe ich das gesamte Leben erschaffen.

Und so wart und seid ihr das Hier und Da, das Oben und Unten, das Links und Rechts, das Große und Kleine, das Schnelle und Langsame, das Seichte und Tiefe, das Helle und Dunkle des göttlichen Seins, und, ja, auch das Junge und Alte.

Ihr nutzt das physische Dasein, um all das kennenzulernen und zu erleben – jede erdenkliche Ausdrucksform –, indem ihr ein Kontext-Feld erschafft, innerhalb dessen ihr wählt, wer und wie ihr sein wollt.
Dieses Kontext-Feld ist die größte Segnung eures
Lebens in dieser Dimension, denn in der Abwesenheit dessen, was ihr *nicht* seid, existiert auch das, was
ihr seid, nicht.
Das heißt, es ist nicht erfahrbar.
Ohne Dunkelheit gibt es kein Licht. Ohne etwas
Kleines gibt es nichts Großes. Ohne Schnelles gibt es
nichts Langsames. Und wenn das, was ihr »schlecht«
nennt, nicht vorhanden ist, gibt es auch nicht das,
was ihr »gut« nennt.
Urteilt und verdammt daher nicht, sondern seid ein
Licht *in* der Dunkelheit, denn auf diese Weise bringt
ihr euer Wahres Sein zum Ausdruck, lernt es kennen
und erfahrt es – und ermöglicht damit allen anderen,
deren Leben ihr berührt, zu erfahren, wer *sie* wirklich
sind, und zwar durch die Kraft eures Beispiels.
Ist es nicht das, was alle Meister getan haben?

Diese Worte hast du schon viele Male ausgesprochen. Doch im Kontext dieses Gesprächs ergeben sie
für mich noch mehr Sinn, klingen noch wahrer. Aber
warum sollte das nicht auch auf die hoch entwickelten Wesen zutreffen?

Wie schon gesagt, verkörpern HEWs sich nicht aus
diesem Grund. Sie haben die physische Existenz bereits in vollem Umfang erlebt. Sie haben diesbezüg-

lich längst Erfüllung gefunden. Daher fangen sie nicht bei jeder Verkörperung wieder »ganz von vorn« an, es sei denn, es dient der Absicht, die sie in einer bestimmten Inkarnation verfolgen.

Was meinst du damit?

Wenn ein hoch entwickeltes Wesen eine physische Gestalt annimmt, geschieht das, weil dieses HEW etwas wieder erschaffen oder noch einmal erleben möchte, das im metaphysischen Zustand nicht erschaffen oder erlebt werden kann. Dafür ist es nur selten notwendig, »von vorn anzufangen«.

Wenn ein hoch entwickeltes Wesen *außerhalb* seiner eigenen Dimension eine physische Gestalt annimmt, geschieht das, weil das HEW fühlenden Wesen auf der physischen Ebene helfen möchte, ihr wahres Sein uneingeschränkt zu verstehen, zu entfalten und zu erleben. In diesem Fall können sich HEWs sogar dazu entschließen, euren physischen Entwicklungszyklus zu durchlaufen und als Babys »ganz von vorn anzufangen«.

Aber aus welchem Grund entscheiden HEWs sich dafür, außerhalb ihrer eigenen Dimension fühlenden Wesen zu helfen?

Damit sie weiterhin die Möglichkeit haben, ihr Wahres Sein zum Ausdruck zu bringen, zu erfahren und zu erfüllen, auf der nächsten Ebene – der nächsten, und der nächsten, und der nächsten. HEWs entscheiden sich dafür, sich selbst nicht als Die Sucher zu erleben und auszudrücken, sondern als Die Antwort.

Das gesamte Universum, der gesamte Kosmos in all seinen Dimensionen, ist dicht bevölkert mit fühlenden Wesen, die alle den gleichen Wunsch teilen – den Wunsch, ihre wahre Natur und wahre Identität zum Ausdruck zu bringen und zu erleben.

Dazu gehört, zunächst jeden Aspekt der physischen Existenz zu durchlaufen und kennenzulernen, dann jeden Aspekt der metaphysischen Existenz zu durchlaufen und kennenzulernen und schließlich beides zu integrieren.

Und jetzt verrate ich euch ein Geheimnis, und den hoch entwickelten Wesen ist es ein großes Anliegen, dieses Geheimnis weiterzugeben: Die vollständige Integration kann jederzeit geschehen. Der Prozess lässt sich komprimieren. Eine ganze Zivilisation kann damit beginnen, als erwachte Spezies zu leben, wann immer sie es wünscht.

11

Okay! Dann wird es Zeit, dass du uns sagst, wie das geht!

Ich bin dankbar für die Gelegenheit, größere Klarheit darüber zu erlangen, wie das alles geschehen sein könnte, aber jetzt bin ich bereit, einen Schritt nach vorn zu machen.

Wenn wir dazu eingeladen werden, unsere Spezies aufzuwecken, möchte ich wissen, was dieses Aufwachen bedeutet. Wie sieht das Leben als Erwachte aus, zu dem wir unsere Artgenossen einladen sollen?

Wird von uns erwartet, dass wir einfach die Prinzipien, Erkenntnisse und Verhaltensweisen einer vollkommen anderen Zivilisation übernehmen, die in einer anderen Dimension lebt? Können wir nicht ein besseres Leben als Individuen erlangen und eine bessere Zukunft für uns als globales Kollektiv, indem wir uns an den höchsten Werten der Menschheit orientieren?

Auf jeden Fall könnt ihr das. Aber es kann hilfreich und nützlich für dich sein, wenn du dir klarmachst, dass es weniger um andere Zivilisationen geht als um andere Energien. Bei dieser ganzen Frage, wie das Leben wunderbar, freudig und in Meisterschaft gelebt werden kann, geht es nicht um »lokale Sitten und Gebräuche«, sondern um universelle Wahrheiten bezüglich der grundlegenden Energie des Lebens.

Es gibt im Kosmos nur eine Energie oder Essenz, und in menschlichen Begriffen nennt ihr diese Energie Liebe.

Die Ideen, die hoch entwickelte Wesen der Menschheit näherbringen möchten, sind einfach Gedanken darüber, wie ihr auf eine Art und Weise leben und lieben könnt, die sich für eure Spezies besser eignet als eure gegenwärtige Lebensweise und bei der jedes Individuum seine persönliche Evolution schneller vollziehen kann.

HEWs behaupten nicht, dass ihre Lebensweise für Menschen »richtig« sei. Sie bieten euch einfach an, selbst zu entscheiden. Das ist ihre Art, euch zu helfen.

Es lohnt sich also für euch, euch diese Ideen unvoreingenommen anzuschauen und zu entscheiden, ob ihr auf dieser Grundlage ein paar neue Arten des Menschseins ausprobieren wollt, die im Kontrast zu eurem gegenwärtigen Verhalten stehen.

Ich stimme dir zu. Und ich ahne, wie diese Kontraste aussehen werden. Verrate mir also bitte, was der größte Unterschied zu unserem bisherigen Leben ist. Ich meine, lass uns die Sache abkürzen und uns aufs Wesentliche konzentrieren.

Der auffälligste Unterschied besteht darin, dass hoch entwickelte Wesen in absolut keiner Weise gewalttätig sind.

Sie wenden niemals physische Gewalt an. Ebenso gibt es bei ihnen keine verbale Gewalt, und sie hegen noch nicht einmal Gewaltgedanken.

Sie nennen Gewalt niemals »Selbstverteidigung«, sie nennen sie nicht »Unterhaltung« und ganz sicher auch nicht »Sport«.

Es gibt für sie einfach keine Rechtfertigung dafür, anderen Wesen körperliche oder emotionale Schmerzen zuzufügen – noch nicht einmal das leichteste Unbehagen.

Gibt es eine Formel dafür, wie sie diesen Zustand erreicht haben? Was wissen sie, das wir nicht wissen und das es ihnen ermöglicht, so zu leben?

Aus ihrer Kultur ist alle Gewalt verschwunden, weil es in ihrer Realität keine Wut mehr gibt.

Und warum ist das so?

Weil sie wissen, dass sie *nichts verlieren,* wenn sie gut, freundlich, fürsorglich, mitfühlend und selbstlos sind und jederzeit und unter allen Umständen bedingungslos lieben.

Sie wissen, dass sie ihr Leben niemals verlieren können und dass ihnen auch nichts genommen werden kann, was für sie von Wert ist, weil außer dem Leben selbst, ihrer eigentlichen Existenz, für sie *nichts* von

Wert ist. Sie wissen, dass sie so auf optimale Weise die eine Erfahrung machen können, die sie sich einzig und allein wünschen.

Welche Erfahrung ist das?

Die Erfahrung ihrer eigenen Göttlichkeit.

Diese Wesen können also nicht getötet werden? Nicht einmal durch äußere Umstände, die nichts mit ihrer untereinander praktizierten Gewaltlosigkeit zu tun haben? Etwa ein schwarzes Loch (nur so als imaginäres Beispiel), das den Heimatplaneten ihrer Zivilisation verschlingt?

Es gibt im physischen Universum keine äußeren Umstände, durch die sie ihr Leben und ihre Existenz verlieren könnten.

Der Übergang vom Physischen ins Nicht-Physische bedeutet für sie also nicht das Ende von irgendetwas.

Genauso ist es. Sie wissen, dass sie immer existieren werden. Sie werden niemals aufhören zu sein, was auch immer mit ihren physisch manifestierten Körpern geschehen mag.
Das schließt auch den Fall ein, dass ein »schwarzes Loch« einen Planeten verschlingt, auf dem sie sich zufällig gerade verkörpert haben.

Wenn man nicht fürchten muss, jemals sein Leben zu verlieren, gibt es also keinen Grund, gewalttätig zu sein? Was ist, wenn man etwas anderes verliert, oder daran gehindert wird, etwas zu erlangen, was man sich wünscht?

Von den Meistern auf eurem Planeten wurde euch bereits gesagt, dass Begierden die Ursache allen Leidens sind. Und Leiden ist die Ursache alle Gewalt. Eliminiert das Leiden, dann verschwindet die Gewalt. Sie löst sich auf.

Wenn man voll erwacht ist, ein hoch entwickeltes Wesen ist, hat man keine Begierden, keine starken Wünsche mehr?

Begierden und Wünsche sind dann kein Hindernis mehr für die eigene Entwicklung. Man wird nicht mehr von ihnen beherrscht. Wenn du weißt, dass dein Leben niemals endet, weißt du, dass du unendlich viel Zeit hast, alles zu erschaffen, was du gerne erleben möchtest – oder es erneut zu erschaffen, falls du es früher einmal erlebt hast und es wieder erleben möchtest.
Im Kosmos gibt es ein Sprichwort: Ewiges Leben bringt ewigen Frieden.
Wenn du jedoch der Vorstellung anhängst, deine Zeit, in der du gewünschte Erfahrungen machen kannst, sei *begrenzt,* verlierst du deinen Frieden.
Du wirst krampfhaft versuchen, etwas zu erlangen, und es dann krampfhaft festhalten.

Das ist die Geschichte der Menschheit, präzise und kurz zusammengefasst. HEWs aus einer anderen Dimension empfinden ihr Leben also als eine ewige Realität.

> Es *ist* eine ewige Realität. Das Leben ist für *alle* fühlenden Wesen eine ewig während Erfahrung, aber von den fühlenden Wesen, die sich in erster Linie mit ihrem physischen Körper identifizieren, sind sich nur wenige dieser ewigen Realität bewusst. Sie erleben ihre Körperlichkeit als Realität und stellen sich vor, dass ihre Existenz vorbei ist, wenn diese Körperlichkeit endet.
> Bestenfalls betrachten sie die Idee eines ewigen Lebens als Konzept, als Theorie, als Doktrin oder Glauben, als etwas, das es »vielleicht geben könnte«, aber dessen sie sich nicht sicher sind.
> Weil die vollständig erwachten Wesen in einer anderen Dimension existieren, wissen sie mit absoluter Sicherheit, dass das Leben ewig ist.

Natürlich, denn für sie ist das einfach! Für sie ist es eine erfahrbare *Tatsache*, sie denken nicht bloß darüber nach, bitten im Gebet darum oder erhoffen es. Und sie erleben es schon seit ... seit einer Ewigkeit.

> Aber das gilt auch für euch. Der Unterschied ist, dass sie es wissen und ihr nicht. Sie erinnern sich daran.

Können wir uns auch erinnern? Wie schaffen wir es, dass *wir alle* uns erinnern?

Nun, was glaubst du, tust du hier gerade?

12

Gewaltlosigkeit ist ein großer Unterschied zwischen HEWs und Menschen, und ich finde es nachvollziehbar, dass dadurch, dass die HEWs ihr Leben als ewig erfahren, ein Kontext entsteht, in dem Gewalt als unnötig betrachtet wird. Aber gibt es nicht vielleicht noch einen »praxisnäheren« Weg, Gewalt aus der menschlichen Erfahrung zu eliminieren oder sie wenigstens zu reduzieren?

Seit mehreren Jahrtausenden versuchen wir, die Angehörigen unserer Spezies davon zu überzeugen, dass ihr Leben ewig währt. Doch obwohl diese Idee von vielen akzeptiert wird, scheint das die Gewalt nicht nennenswert zu reduzieren.

> Es gibt einen praxisnahen Weg, Gewalt zu beseitigen. Löst euch von eurem tiefen Glauben an das Getrenntsein.

Ah, ja. Das »kapiere« ich sofort! Und dafür benötige ich keine Hilfe von hoch entwickelten Wesen aus anderen Dimensionen. Da muss ich mich einfach in der Welt umschauen.

Dabei sehe ich, dass die meisten Menschen, die an Gott glauben – und das trifft auf die bei Weitem größte Zahl der Leute auf unserem Planeten zu –, immer noch eine Theologie der Trennung verinnerlicht haben. Ihr Gottesbild sieht so aus, dass wir Menschen »hier drüben« sind – und Gott »dort drüben«.

Das wäre für sich betrachtet noch kein großes Problem, aber leider bringt eine Trennungs-Theologie eine Trennungs-Kosmologie hervor – also eine Sicht des Lebens, der zufolge alles von allem getrennt existiert.

Wäre das einfach nur eine Meinung, wäre auch das kein Problem, aber leider bringt eine Trennungs-Kosmologie eine Trennungs-Psychologie hervor – also eine psychologische Sichtweise, der zufolge ich »hier drüben« bin und alle anderen »dort drüben« sind.

Damit könnte man leben, aber leider bringt eine Trennungs-Psychologie eine Trennungs-Soziologie hervor – also eine Form des gesellschaftlichen Lebens, bei der jeder Mensch sich als abgetrennt von allen anderen Menschen existierendes Wesen begreift, das auf sich gestellt seine persönlichen Interessen verfolgt.

Nun bewegen wir uns auf wirklich gefährlichem Territorium, weil eine Trennungs-Soziologie zwangsläufig eine Trennungs-Pathologie hervorbringt – pathologisches, selbstzerstörerisches Verhalten von Individuen und Gruppen, das Leiden, Konflikt, Gewalt und Tod bringt –, wie in der Menschheitsgeschichte überall auf unserem Planeten immer wieder zu beobachten ist.

Unsere Pathologie lässt sich, wie mir scheint, nur heilen, wenn wir unsere Trennungs-Theologie durch eine Theologie des Einsseins ersetzen. Eine Einsseins-Theologie würde anerkennen, dass jeder Mensch gewissermaßen eine individuelle Ausformung Gottes ist, ohne deshalb von Gott losgelöst oder getrennt zu sein, so wie die Finger unserer Hand individuelle Ausformungen sind: Sie sind nicht voneinander getrennt, sondern durch die Hand miteinander und mit dem ganzen Körper verbunden – so wie wir als Individuen Teile vom Körper Gottes und dadurch alle miteinander und mit Gott verbunden sind.

Du beschreibst das alles wirklich treffend, mit großer Klarheit.

Nun, das habe ich natürlich von dir. Wir werden also hier erneut zu der Erkenntnis inspiriert und ermutigt – wie schon in den früheren *Gesprächen mit Gott* –, dass alles Leben in Wirklichkeit eins ist.

Ja. Und HEWs aus der anderen Dimension verstehen das nicht nur, sondern erleben es.
Sie wissen nicht nur, dass das Leben ewig ist, sondern auch, dass es im Universum keine Trennung gibt – alles ist mit allem verbunden. Diese Erkenntnis ist ein Grundpfeiler ihrer Lebensweise. Es ist das Fundament ihrer Zivilisation.

Für uns wird das demnach der erste Schritt sein, wenn wir zu einer erwachten Spezies werden. Und nach all den Jahren – *Jahrtausenden*– auf unserem

Planeten haben wir noch nicht einmal diesen ersten Schritt geschafft.

> Es ist jetzt im Moment der wichtigste Schritt. Lasst euch nicht durch das entmutigen, was ihr noch nicht erreicht habt, sondern ermutigt euch, indem ihr euch auf das konzentriert, was ihr tun könnt.

Darauf hoffe ich, denn mir ist bewusst, dass es der Anfang vom Ende der jetzigen Zustände auf unserem Planeten wäre, wenn wir diese Idee als konkrete, erlebbare Realität akzeptieren. Es wäre der Beginn einer neuen Schöpfung, das Anbrechen eines neuen Morgens. Es wäre die neue Kulturgeschichte der Menschheit.

Ich möchte jetzt gleich loslaufen und allen sagen: *Einssein ist keine Eigenschaft des Lebens. Leben ist eine Eigenschaft des Einsseins.*

> Das wäre eine sehr machtvolle Botschaft. Und sehr treffend formuliert.

Ja. Das ist es, was wir bezüglich unserer Existenz auf der Erde noch nicht verstanden haben. Und wenn wir es verstehen, würde sich dadurch alles ändern.

Das Leben ist zum Ausdruck gebrachtes Einssein. Gott ist zum Ausdruck gebrachtes Leben. Gott und Leben sind eins. Wir sind ein Teil des Lebens. Wir stehen niemals außerhalb des Lebens und können das auch gar nicht. Deshalb sind wir ein Teil Gottes. Es ist ein Kreis. Es kann nicht zerbrechen.

Du verstehst diese Dinge genauso wie die hoch entwickelten Wesen aus einer anderen Dimension. Und
du bist auf der Erde nicht der einzige Mensch, der
sich darüber im Klaren ist.
Jetzt geht es nur noch darum, dass alle, die die wahre
Natur des Menschen klar erkannt haben, sich gemeinsam der globalen Aufgabe widmen, die Spezies
aufzuwecken.

**Aber nicht auf überhebliche, großspurige Art und
Weise, denn dann wird ihnen niemand zuhören.**

Es ist gut, dass du diesen Punkt erneut ansprichst. Ihr
würdet in der Tat eure Absicht untergraben, wenn ihr
euch als »die Wissenden« für etwas Besseres haltet
und denkt, eure Aufgabe sei es, andere über das auf-
zuklären, was sie eurer Meinung nach noch nicht
wissen.
Eure Mission ist es vielmehr, anderen zu sagen, was
sie bereits wissen – nur dass sie momentan vielleicht
nicht *wissen,* dass sie es wissen.
Das ist ein sanftes Mitteilen von Erkenntnissen, ein
sanftes Aufwecken, kein dröhnender Weckruf, nach
dem alle sich nur danach sehnen, gleich wieder
weiterzuschlafen.

**Okay, diese Veränderung ist also einfach eine an-
dere Art, die Eine Entscheidung zum Ausdruck zu
bringen, von der ich zuvor bereits gesprochen habe.
Dadurch könnte nicht weniger als eine neue Lebensweise für die Menschheit entstehen. Das finde ich**

aufregend. Die Möglichkeiten, die sich daraus ergeben, finde ich aufregend.

Allerdings sehe ich bis jetzt erst ein oder zwei Aspekte, wie sich unser Alltag verändern würde, wenn wir uns so verhielten, wie die hoch entwickelten Wesen es uns empfehlen.

Ich kann dir die zu erwartenden Veränderungen nennen.

Ja, bitte.

13

Es wäre gut, wenn ihr euch das Nachfolgende gut einprägt, oder es aufschreibt und an einem Ort platziert, wo ihr es oft seht.

1. Eine erwachte Spezies begreift die Einheit allen Lebens und lebt dementsprechend. Menschen im unerwachten Zustand leugnen dieses Einssein oder ignorieren es.

2. Eine erwachte Spezies sagt die Wahrheit. Immer. Menschen im unerwachten Zustand lügen oft, sie belügen sich selbst und andere.

3. Bei einer erwachten Spezies stimmen Reden und Handeln überein. Menschen im unerwachten Zustand sagen oft das eine und tun das andere.

4. Eine erwachte Spezies sieht, was ist, und tut dementsprechend das, was funktioniert. Menschen im unerwachten Zustand tun oft das genaue Gegenteil.

5. Eine erwachte Spezies richtet ihre Zivilisation nicht am Prinzip »Gerechtigkeit« und »Strafe« aus.

6. Eine erwachte Spezies orientiert sich nicht an jenem Konzept, das die Menschen »Mangel« nennen.

7. Eine erwachte Spezies orientiert sich nicht an jenem Konzept, das die Menschen »Besitz« nennen.

8. In der Zivilisation einer erwachten Spezies teilen alle mit allen. Menschen im unerwachten Zustand tun das oft nicht, sondern sind nur in begrenztem Umfang bereit zu teilen.

9. Eine erwachte Spezies schafft ein Gleichgewicht zwischen Technologie und Kosmologie, zwischen Maschinen und Natur. Menschen im unerwachten Zustand gelingt das oft nicht.

10. Mitglieder einer erwachten Spezies würden unter keinen Umständen die gegenwärtige physische Daseinsform eines anderen fühlenden Wesens beenden, es sei denn, dieses Wesen bittet sie darum. Menschen im unerwachten Zustand töten häufig andere Menschen, auch wenn diese sie nicht darum gebeten haben.

11. Eine erwachte Spezies würde niemals etwas tun, durch das die physische Umwelt geschädigt würde, die diese Spezies für ihre körperliche Existenz benötigt. Menschen im unerwachten Zustand tun das häufig.

12. Eine erwachte Spezies vergiftet sich niemals selbst. Menschen im unerwachten Zustand tun das häufig.

13. In einer erwachten Spezies gibt es keine Konkurrenz. Menschen im unerwachten Zustand konkurrieren häufig untereinander.

14. Einer erwachten Spezies ist klar, dass sie nichts braucht. Menschen im unerwachten Zustand erzeugen oft Erfahrungen der Bedürftigkeit.
15. Eine erwachte Spezies erlebt bedingungslose Liebe und bringt diese gegenüber allen zum Ausdruck. Menschen im unerwachten Zustand können sich oft noch nicht einmal bei einer Gottheit vorstellen, dass deren Liebe an keinerlei Bedingungen geknüpft ist. Und noch weniger lieben sie selbst bedingungslos.
16. Eine erwachte Spezies nutzt die metaphysischen Kräfte. Menschen im unerwachten Zustand ignorieren diese Kräfte weitgehend.

Natürlich gibt es noch mehr Charakteristika, aber das sind einige der besonders wesentlichen Unterschiede zwischen einer erwachten Spezies und der Menschheit in ihrem gegenwärtigen unerwachten Zustand.

Du meine Güte, das kommt mir fast wie eine Anklage gegen unsere Spezies vor, gegen unsere gesamte Lebensweise.

Klagt man ein dreijähriges Kind an, wenn man einfach beobachtet, dass Erwachsene Dinge verstehen, die es noch nicht versteht?
Feiert lieber, dass ihr wisst, was ihr wisst! Feiert, dass ihr den Unterschied zwischen eurem jetzigen Verhalten und Verhaltensweisen, die euch von größerem

Nutzen sein werden, deutlich erkennt.
Feiert jede neue Erkenntnis, wie ihr die ersten Schritte eines kleinen Kindes feiert.

Danke, dass du mich daran erinnerst. Wir sind eine sehr junge Spezies. Vielleicht sollten wir diese Tatsache noch einmal näher beleuchten, damit die Menschen sich dessen wirklich bewusst werden.

Viele Leute hegen die Überzeugung, die Menschheit sei bereits sehr weit entwickelt. Dabei sind wir auf diesem Planeten gerade erst aus dem Kleinkind-Stadium heraus. In ihrem Buch *New World, New Mind* rücken Robert Ornstein und Paul Ehrlich das in die richtige Perspektive:

»Stellen Sie sich vor, die Geschichte der Erde wäre auf einem Jahreskalender dargestellt, sodass die Mitternacht am Beginn des 1. Januar die Entstehung der Erde repräsentiert und die Mitternacht am Ende des 31. Dezember die Gegenwart. Dann würde jeder Tag dieses ›Erdenjahres‹ 12 Millionen Jahren tatsächlicher Geschichte entsprechen. Auf dieser Skala erschien die erste Lebensform, ein einfaches Bakterium, irgendwann im Februar. Komplexere Lebensformen tauchen jedoch erst viel später auf. Die ersten Fische erscheinen um den 20. November. Die Dinosaurier treffen am 10. Dezember ein und verschwinden am ersten Weihnachtstag wieder von der Bildfläche. Unser erster als Mensch erkennbare Vorfahre trat erst *am Nachmittag des 31. Dezember* in Erscheinung. Der *Homo sapiens* – unsere Spezies – tauchte gegen 23.45 Uhr auf. Unsere gesamte aufgezeichnete Menschheitsgeschichte, seit der frühen Antike, ereignete sich in der letzten *Minute* des Jahres.«

> Das rückt die Dinge sehr anschaulich zurecht. Und es schafft einen Kontext, in dem verständlich wird, warum die meisten Leute in menschlichen Gesellschaften dazu neigen, Offensichtliches zu leugnen. Sie leugnen sogar ihre persönlichen Gefühle und letztlich selbst ihre eigene Wahrheit.

Aber dass du hier wiederholt darauf hinweist, in welch frühem Entwicklungsstadium wir uns befinden, erfüllt mich mit großer Hoffnung. Ich sehe voraus, dass uns herrliche, wunderbare Zeiten erwarten – sowohl für uns als Einzelne wie für die Menschheit insgesamt –, während wir unsere Reifezeit durchleben und in unser Potenzial hineinwachsen.

> Das ist die große Chance, die euch erwartet. Sie liegt gleich hinter dem Horizont.

Ja, gegenwärtig *ist* die Perfekte Zeit für Fortschritte! Aber müssen wir warten – ich denke, ich weiß die Antwort schon, aber ich frage trotzdem –, müssen wir warten, bis die gesamte Menschheit oder jedenfalls die überwiegende Mehrheit unserer Spezies erwacht, bevor die Erfahrung, als hoch entwickelte Wesen zu leben, für uns möglich ist? Denn das könnte noch sehr, sehr lange dauern.

Du hast recht, du kennst die Antwort bereits. Ihr müsst nicht nur nicht warten – ihr *sollt* nicht warten. Die Geschichte schaut auf euch, um zu sehen, wer auf der Erde sich dafür entscheiden wird, diese Verhaltensweisen anzunehmen und damit durch Worte und Taten zum Vorbild zu werden und sich einer weltweiten Bewegung zum Aufwecken der Menschheit anzuschließen.

Welche Menschen werden ihr wahres Wesen ohne Wenn und Aber feiern und freudig an der Erschaffung einer wunderbaren Zukunft für die Menschheit mitwirken?

14

Ich bin dabei! Ich verstehe jetzt, wie nützlich diese Informationen über hoch entwickelte Wesen sein können und wie sie uns dabei helfen, uns selbst aufzuwecken – oder, wie du es ausdrückst, uns für das Wissen zu öffnen, dass wir bereits wach sind – und beim Aufwecken der Spezies mitzuwirken.

Ich habe das Gefühl, dass ich jetzt gleich nach draußen gehen und diese Prinzipien an andere weitergeben möchte, Prinzipien, die, wie du betont hast, durchaus »von dieser Welt« sind – einfach ein erweitertes Verständnis dessen, was Liebe ist. Erst möchte ich sie selbst praktizieren, sie leben, und dann möchte ich sie an andere weitergeben.

Und ich würde mich freuen, wenn du zunächst einige Punkte auf dieser Liste etwas ausführlicher erläuterst, damit ich eine Vorstellung bekomme, wie all das im realen Alltag aussieht und von mir gelebt und weitergegeben werden kann.

Sehr gern. Beginnen wir mit dem ersten Punkt auf der Liste.

1. Eine erwachte Spezies begreift die Einheit allen Lebens und lebt dementsprechend. Menschen im unerwachten Zustand leugnen dieses Einssein oder ignorieren es.

Hoch entwickelte Wesen stellen niemals infrage, dass alles eins ist. Sie wissen aus Erfahrung, dass es nur das Eine gibt und dass alles, was existiert, Teil dieses Einen ist.

Da sie in einer anderen Dimension existieren, können sie das tatsächlich sehen und beobachten. Es ist nicht bloß eine Idee für sie. Sie sind in der Lage, die submolekulare Struktur aller Dinge zu sehen.

Sie beobachten, dass es im Universum nur eine Energie gibt – eine Quelle oder Kraft – und dass diese Quelle oder Kraft einfach die Grundelemente, aus denen sie besteht, vermischt, manche hinzufügt, andere entfernt, dann die Schwingungsfrequenz dieser diversen kombinierten Elemente verändert, um für die Essenzielle Essenz unterschiedliche Ausdrucksformen zu erzeugen.

Ich habe diese unterschiedlichen Ausdrucksformen Singularisierungen der Singularität genannt.

Was ein großartiger Name für sie ist, denn genau das sind sie. Alles, was existiert, wird durch diese Alchemie erschaffen, die das »Rezept« für die universale Suppe hervorbringt.

Die Elemente werden durch die bewussten Entscheidungen eines jeden Elements voneinander angezogen, wobei die kombinierte Energie jener Essenziellen Essenz das beinhaltet, was wir eure Seele nennen werden.

Einen Moment. »Bewusstsein« existiert auch auf der Ebene der Elemente?

Natürlich. Das, was du die elementare Ebene nennst, *ist* Bewusstsein. Es ist Bewusstsein in Aktion.
Jede Zelle eures Körpers agiert mit Intelligenz. Wenn du dich versehentlich in den kleinen Finger schneidest, strömen sofort Zellen zu der verletzten Stelle, um den Schaden zu reparieren. *Glaubst du, die Zellen deines Körpers wüssten nicht, was sie tun – und warum?*
Und ich sage dir: Jedes Element des Universums ist erfüllt von dieser grundlegenden Intelligenz.

Oh, mein Gott.

Genau!

Können sie miteinander sprechen? Okay, »sprechen« klingt vielleicht etwas seltsam. Eigentlich möchte ich fragen, ob die Zellen des Körpers von Element zu Element kommunizieren können?

Natürlich können sie das. Was glaubst du, wie »Denken« funktioniert?

»Gedanken« sind miteinander kommunizierende Zellen?

Genau das sind sie. Weißt du, wie Gehirnzellen arbeiten?

Ja, aber wenn du von Gehirnzellen sprichst, meinst du Neuronen und Peptide und Soma und Dendriten und all dieses Zeugs. Die Zellen in unserem Körper sind anders als die Gehirnzellen.

Nein, sind sie nicht. Wer hat dir denn das erzählt? Ich wiederhole: Alles Leben, jede Unze davon, ist von Intelligenz erfüllt. Und das gilt *für jede Zelle, jedes Teilchen, jedes submolekulare Element im Universum.*

Dann muss es einen Weg geben, wie ich die Zellen meines Körpers dazu bekomme, das zu tun, was ich ihnen übermittle! Mich zum Beispiel von einer Krankheit heilen.

Es ist richtig, dass die Energie deiner Gedanken Einfluss auf die Zellen deines Körpers hat.

Émile Coué, ein französischer Psychologe und Apotheker, entwickelte zu Beginn des 20. Jahrhunderts eine Psychotherapie, die auf optimistischer Autosuggestion beruhte. Als Experiment bat er Kranke, mindestens zwanzigmal täglich – und vor allem am Morgen und abends vor dem Schlafengehen – ein simples Mantra zu wiederholen: *Tous les jours à tous points de vue je vais de mieux en mieux.* Übersetzt: *Es geht mir jeden Tag in jeder Hinsicht immer besser und besser.*

Und mit welchem Resultat?

Einem bemerkenswert hohen Prozentsatz seiner Patienten ging es tatsächlich besser!

Natürlich.

Großer Gott, ist es also möglich, den größten Teil unserer Körperzellen dazu zu bringen, dass sie fast alle fast immer dasselbe wollen und wählen?

Ah! Das ist die gleiche Frage, die du dir auch im Hinblick auf die menschliche Spezies stellst.

Ja, das stimmt! Es ist *genau* die gleiche Frage.

Und die Antwortet lautet: Es ist möglich, und zwar durch *Harmonisierung*.
Lebenselemente entscheiden sich dafür, zusammen und in Harmonie zu handeln, wenn es in dem Sektor oder dem Gebiet, wo diese Elemente existieren, eine klare gemeinsame Absicht gibt.
Die Zellen eures Körpers handeln zusammen und in Harmonie, wenn es in jedem Augenblick, also jeder Femtosekunde, eures Lebens eine Übereinstimmung mit der Agenda eurer Seele gibt.

Okay, das Wort musste ich nachschlagen. Eine »Femtosekunde« ist das Billiardstel einer Sekunde.

Exakt. Und deine Seele ist die Energiequelle der Essenziellen Essenz, die in dir wohnt.

Die Seele ist »Gott in uns«.

Das ist sie in der Tat. Nicht nur in Gedanken, nicht nur in Worten, sondern in der Tat. Im Tun. Die Seele ist der, nun individualisierte, Ausdruck jenes »Seins«, das Gott ist. Sie ist Gott, der sich manifestiert.

In unserem Fall ist die Seele Gott, der menschlich ist, und ein Mensch ist eine Seele, die Gott ist!

Exakt! Präzise! Eindeutig! Offenkundig!
Du hast es perfekt ausgedrückt.

Wow, da stoßen wir ja tiefer in die Metaphysik vor, als ich je gedacht hätte, aber ich muss dich fragen: Ist es denn so, dass jedes submolekulare Teilchen in jeder Ausdrucksform des Lebens im Universum überzeugt werden muss, damit es etwas tut? Behauptest du ernsthaft, dass jedes Energiepartikel über Bewusstsein verfügt, eigene Entscheidungen treffen und Alternativen abwägen kann?

Mann, das geht über meinen Horizont! Wie soll ich denn da allein schon all die Teile, aus denen ich selbst bestehe, dazu bewegen, das Gleiche zu tun, ganz zu schweigen von den anderen Menschen auf dem Planeten?

Ja, das ist die Frage, nicht wahr?
Das ist die größte Frage aller Zeiten.
Aber tatsächlich ist es viel einfacher, als du denkst.

Monsieur Coué sagte: »Es ist so einfach, wie ich *denke*, dass es ist.«

Und das ist das größte Geheimnis des Lebens. Wenn du das begreifst, erlangst du Meisterschaft.

Okay, dann verrate mir, wie es geht, metaphysisch. Von der Macht der Gedanken habe ich schon tausendmal gehört, aber wie funktioniert es, wie funktioniert es aus metaphysischer Sicht?

Du hast mir gesagt, und ich weiß, dass es stimmt, dass du über einen unstillbaren Wissensdurst verfügst, aber sollen wir wirklich in die Metaphysik des Universums einsteigen?

15

Dieses Gespräch wurde von mir nicht *geplant*. Ich beobachte einfach, dass es seinen eigenen Weg nimmt. Die ausführlichere Betrachtung der Liste, die du mir präsentiert hast, möchte ich nicht zu lange unterbrechen, aber das hier ist zu faszinierend, um es einfach links liegen zu lassen. Können wir wenigstens einen kurzen Blick darauf werfen?

Okay, einverstanden. Man könnte ein ganzes Buch damit füllen, aber hier kommt *Metaphysik für Einsteiger: Eine kurze Einführung in die höchste Wirklichkeit*. Wie wir etwas weiter vorne in diesem Gespräch anmerkten, sind alle Elemente des Lebens von etwas erfüllt, was ihr, in eurer Sprache, »Intelligenz« nennen würdet – oder eine Bewusstheit für die eigenen inhärenten Funktionen.
Jedes Element ist sozusagen randvoll mit dieser Bewusstheit gefüllt. Die Göttliche Intelligenz durchdringt es durch und durch. Es wäre nicht falsch, wenn man sagt, dass jedes Element Intelligenz IST, die nun in physischer Teilchenform vorliegt.

Also ist jedes Element des Lebens, bis hinunter zu den winzigsten subatomaren Teilchen, Teil des göttlichen Bewusstseins.

Du drückst es mit deinen Worten sehr schön aus, und ich habe keinen Grund, dir zu widersprechen. Die Elemente der Essenziellen Essenz ziehen sich gegenseitig an durch etwas, das man in menschlichen Begriffen, »gemeinsame Funktion« nennen würde.

Das heißt, sie alle versuchen, etwas Bestimmtes zu tun. Und zwar genau das Gleiche. Alle sind in Aktion, ewig in Bewegung, ständig in Schwingung – aber niemals ohne Absicht.

Und diese Absicht besteht einfach darin, zu SEIN. Sie erkennen, dass Leben Bewegung ist. Wenn die Bewegung jemals aufhört, würde das, was ihr Leben nennt, nicht länger existieren.

Leben = Bewegung = Leben.

Ja.

Was jedes Element sein möchte, spielt dabei keine Rolle. Das individuelle Element hat da keine Präferenzen. Es möchte einfach existieren. Sein Wunsch ist es, zu »sein«.

Die schon erwähnte »Harmonisierung« – die dann das von dir gemeinte gemeinsame, einheitliche Handeln ermöglicht – wird durch den Schwingungseinfluss einer jeden Kraft erzeugt, die größer als die individuellen Elemente ist.

So verhält es sich überall in der Natur. Je größer die Kraft, desto mehr »Zug« übt sie auf die kleineren Elemente in ihrem Einflussbereich aus. Daher werden alle Elemente innerhalb einer solchen Einflusszone in

Harmonie zu der größeren Kraft gehen, die auf sie einwirkt.

Noch nie hat mir das jemand auf diese Weise erklärt. Warum kann man das nicht auf einfache, leicht verständliche Art jedem Kind erklären?

Man kann. Und in den Zivilisationen der hochentwickelten Wesen geschieht das. Dieses Wissen wird dort mit allen geteilt. Alle erfahren vom Einssein und von dem Kreis des Lebens.
Wenn ihr als schöpferische Wesen wollt, dass die Elemente des Lebens, bis hinunter zum winzigsten Teilchen, sich alle in eine bestimmte Richtung bewegen, müsst ihr die besagte Harmonisierung erzeugen, indem ihr die Kraft der kombinierten und in eine bestimmte Richtung gelenkten Energien nutzt.
Und diese Kraft sind eure *Gedanken*.

Und wie erzeugen wir diese Bündelung und Konzentration? Wie schaffen wir es, Energie – also Gedanken – in eine bestimmte Richtung zu lenken?

Durch eure Wünsche.
Wünsche existieren in der Seele. Die Seele ist die lokale Ausdrucksform des göttlichen Wunsches – der darin besteht, sich selbst zu erfahren.
Durch Wünsche werden Absichten erzeugt. Und Absichten erzeugen Gedanken. Gedanken erzeugen Handlungen. Handlungen erzeugen Resultate.
Doch entstehen nicht alle Gedanken aus Absichten,

die dem Wunsch, dem Begehren der Seele entspringen. Gedanken können auch, in gewisser Weise, ein »Eigenleben« entwickeln. Damit ist gemeint, dass die Energieimpulse, die einen Gedanken hervorbringen, auch aus den Wünschen des Körpers herrühren können.

Das führt dann zu einer anderen Art von Handlungen und zu Resultaten, die sich völlig von dem unterscheiden, was die Seele eigentlich wollte. Die Seele gab eurem Bewusstsein das gewünschte Resultat ein, aber euer Körper veranlasste euch, für einen Moment vom Wollen eurer Seele abzuweichen.

Das passiert, wenn du glaubst, du wärst ganz Körper, im Gegensatz zu dem tiefen inneren Wissen, dass du eine Seele bist.

Die meisten von uns hoffen lediglich, eine Seele zu besitzen, oder glauben es, ohne sich dessen sicher zu sein. Dass wir aber einen Körper haben, steht für uns fest – und deswegen definieren sich die meisten auch überwiegend als Körper.

Wie schon gesagt, du beschreibst das alles sehr schön und treffend. Das ist der bestmögliche Weg, die Puzzleteile zusammenzusetzen.

Jedes Element der Essenziellen Essenz – von der individuellen Seele bis zu jeder einzelnen Energieeinheit im Körper (oder im Universum) – ist von einem Begehren erfüllt, bei dem es sich um eine besondere Ausdrucksform von Energie handelt und dessen Stärke von der Größe des Elements abhängt.

Die kleinsten Elemente haben die kleinsten Wünsche.
Größere Elemente, die entstehen, weil kleinere
Elemente von ihnen angezogen werden und sich zu
diesen größeren Einheiten verbinden, haben größere
Wünsche.
Stell dir diese Wünsche als die Zündkerzen im Motor
des Lebens vor.

Wenn also das, was wir »Gott« nennen, alles ist, was existiert, dann müsste Gottes Wunsch der größte von allen sein.

Korrekt. Du verstehst wirklich sehr gut, worum es
geht. Und Gottes Wunsch ist es, dass jedes fühlende
Wesen – also jedes Element des Lebens, das groß
und komplex genug ist, um Selbstbewusstheit zu
entwickeln – über die Fähigkeit verfügen soll,
aufgrund seines freien Willens und bewusster
Entscheidungen seine eigene Realität zu erschaffen.
Das ist eine alchemistische Art zu sagen, dass die
Basiselemente des Lebens – die winzigen Partikel der
Essenziellen Essenz – keine Vorlieben im Hinblick
darauf haben, welche Absichten die *Kombination*
dieser Elemente verfolgt.
Eure Seele, bei der es sich um eine Ansammlung
solcher Elementarteilchen handelt, verfolgt eine Absicht. Eure Seele ist die lokale Präsenz der Göttlichen
Absicht, die darin besteht, in jedem Augenblick Gött-
lichkeit so zum Ausdruck zu bringen, *wie jedes
fühlende Wesen sie jeweils definiert.*
Und jedes fühlende Wesen besitzt die Freiheit, alles

zu erschaffen, wofür es sich entscheidet, was die großartigste Demonstration von Göttlichkeit ist. Oder, um es noch anders auszudrücken: Ihr alle besitzt Willensfreiheit.

Wie du sicher bemerkt hast, habe ich seit unserem allerersten Gespräch immer zu dir gesagt, dass Gott bezüglich der Art und Weise, wie ihr euer Leben lebt, keinerlei Vorlieben hat. Mein einziger Wunsch ist es, dass ihr die Macht und Energie habt, *eure* jeweiligen Vorlieben zur Entfaltung zu bringen.

Was ihr also in eurem Leben »materialisieren« – also aus reiner Energie in solide Materie umwandeln – wollt, liegt ganz bei euch, und zwar individuell und als Kollektiv. Und bei dieser Entscheidung steht es euch frei, entweder auf euren Körper, euren Intellekt oder eure Seele zu hören.

So, das war *Metaphysik für Einsteiger: Eine kurze Einführung in die höchste Wirklichkeit.*

16

Donnerwetter, all das hat so viele Auswirkungen, dass ich ewig mit dir darüber reden könnte. Aber ich möchte, dass wir uns andere Punkte auf deiner Liste vornehmen, damit wir besser wissen, wovon wir reden, wenn wir versuchen, uns selbst aus unserem langen Schlaf zu wecken ...

... und aus eurer neueren Erfahrung, wach zu sein, ohne es zu wissen und sich dementsprechend zu verhalten ...

... ja, und demütig zu hoffen, auch andere aufwecken zu können.
Wenden wir uns also Punkt 2 auf der Liste zu. Einverstanden?

Ja. Dort heißt es: Eine erwachte Spezies sagt die Wahrheit. Immer. Menschen in unerwachtem Zustand lügen oft, sie belügen sich selbst und andere. Es würde euch zum Beispiel ziemlich schwerfallen, ein hoch entwickeltes Wesen davon zu überzeugen, dass dieser ständige Strom von Geräuschen und Bildern, dem ihr eure Kinder in ihren ersten Jahren aussetzt, angeblich keinerlei Auswirkungen auf ihr Weltbild und demzufolge darauf haben soll, welche

Alltagserfahrungen sich diese nachfolgende Generation erschaffen wird.

Andererseits könnt ihr nicht zugeben, dass die in eurer Gesellschaft immer mehr zunehmende Gewalttätigkeit wenigstens zum Teil auf diese gewaltvollen Bilder zurückzuführen ist, die auf eure Kinder einprasseln, denn wenn ihr es zugebt, müsstet ihr etwas daran ändern. Und ihr glaubt, nichts daran ändern zu können, also zieht ihr es vor, das Problem zu ignorieren.

Ja, wir haben schon mehrfach über entsprechende Fernsehsendungen, Kinofilme, Videospiele und bestimmte Internetseiten gesprochen und darüber, dass es sogar *Spielzeuge* gibt, die gewaltorientiert sind – und unsere Kinder dazu anregen, Gewalthandlungen »nachzuspielen«.

Und doch redet ihr euch ein – oder, schlimmer noch, lasst es zu –, ohnmächtig zu sein und nichts dagegen tun zu können.

Was das Rauchen angeht, verhalten sich manche von uns ähnlich. Oder was ungesunde Ernährung oder Bewegungsmangel angeht. Oder bezüglich jener gesellschaftlichen »Werte«, die immer wieder für Konflikte sorgen.

Selbstschädigendes Verhalten zu erkennen, aber nichts dagegen zu tun, ist ein Merkmal von fühlenden Wesen, die sich selbst nicht genug lieben und nicht genug verstehen, um damit aufzuhören, sich selbst Schaden zuzufügen.

Von einem vierjährigen Kind kann man vielleicht erwarten, dass es sich so verhält, aber nicht von seinen vierzigjährigen Eltern. Also müssen wir dringend erwachsen werden, wenigstens ein bisschen, und bereit sein, die Wahrheit zu sehen und sie dann offen auszusprechen.

Das wäre ein guter Anfang, ja.

Und hoch entwickelte Wesen sperren sich niemals gegen die Wahrheit. Sie sehen sie immer und sprechen sie immer offen aus.

Ja. Eine erwachte Spezies ist nicht in der Lage zu lügen. Das widerspräche ihrer kollektiven Absicht. Die Wesen einer solchen Spezies haben gelernt, dass Selbsttäuschung und die Täuschung anderer vollkommen unproduktiv sind und sie von der Erfüllung ihrer gemeinsamen Wünsche und Absichten wegführen statt darauf zu.
Für ein hoch entwickeltes Wesen ist es schlichtweg unmöglich, eine Unwahrheit zu kommunizieren, weil seine individuelle Schwingung sich dadurch extrem verändern würde und sofort für alle sichtbar wäre, dass das, was es kommuniziert, nicht mit dem übereinstimmt, was es weiß und zu erkennen in der Lage ist.

So, wie wir erröten – jedenfalls einige von uns –, wenn wir zu lügen versuchen.

Ja, das ist *sehr* ähnlich, allerdings auf einer höheren Ebene. Das ganze Wesen würde so heftig zu zittern und zu vibrieren beginnen, dass die Wahrheit ganz buchstäblich aus ihm hervorgeschüttelt würde. Der Versuch zu lügen hätte also überhaupt keinen Sinn. Übrigens, achte einmal darauf, belügen Menschen, die gemeinsame Wünsche und Absichten verfolgen, einander nicht. Eine Lüge zeigt, dass du etwas anderes willst als der Mensch, den du belügst. Das mag offensichtlich für dich sein, aber weniger offensichtlich ist vielleicht, wie ihr Ehrlichkeit schaffen könnt.

Das Ende der Täuschung kommt mit dem Ende des Getrenntseins. Wenn eure Kultur und Zivilisation sich dafür öffnet, dass ihr in vielfältiger, individualisierter Form letztlich alle eins seid und deshalb nur eine gemeinsame Absicht verfolgt, wird es von da an nur noch diese eine Absicht geben.

Und worin besteht diese Absicht?

In jedem Augenblick das zum Ausdruck zu bringen, was jedes Lebewesen sich wünscht.

Was ist das?

Wie schon gesagt: sich selbst als das Einzige zu erfahren, was wirklich existiert – Göttlichkeit. Oder,

um das schon früher erwähnte Wort aus eurer Sprache zu benutzen: Liebe. Die Energie, die ihr »Liebe«
nennt.

Das Einssein des Universums besteht darin, dass
Gott göttliche Liebe für das gesamte Leben in all
seinen Erscheinungsformen zum Ausdruck bringt.

17

Jetzt würde ich gerne deinen Kommentar zu Punkt 3 hören.

3. Bei einer erwachten Spezies stimmen Reden und Handeln überein. Menschen in unerwachtem Zustand sagen oft das eine und tun das andere.
Auch sagen Menschen oft nicht, was sie denken. Hoch entwickelte Wesen würden es als sinnloses Verhalten ansehen, anderen ihre Gedanken nicht offen mitzuteilen – auch wenn das ein Verhalten ist, das eine andere Qualität hat, als andere bewusst zu belügen.
Welchen Vorteil hat es, einen Gedanken zurückzuhalten und nicht zu kommunizieren? Und nicht gemäß den Gedanken zu handeln, die man anderen gegenüber äußert, würden hoch entwickelte Wesen ebenfalls für sinnlos halten.

Und wenn der Gedanke, den ich für mich behalte, nicht sehr nett ist?

Warum denkst du etwas, das nicht sehr nett ist? Höre damit auf. Manchmal mag dir ein solcher Gedanke durch den Kopf gehen, aber du musst ihn nicht dort festhalten.

Und wenn ich nichts dagegen tun kann?

Wie bitte? Du glaubst, dass du *nichts dagegen tun kannst*, bestimmte Gedanken zu denken? Kein Wunder, dass eure Spezies Probleme hat!

Ja, ich weiß. Und ich habe mein Denken schon *sehr* verändert. Aber trotzdem, nicht jeder Gedanke, der mir durch den Kopf geht, ist es wert, ihn meinen Mitmenschen mitzuteilen.

Dann behalte ihn für dich. Teile nur die Gedanken mit, an denen du bewusst festhältst.
Übrigens, dir ist doch klar, dass jeder Gedanke, an dem du bewusst festhältst, ein Gebet ist?

Jetzt setze mich nicht unter Druck.

Für hoch entwickelte Wesen gibt es keinen Druck. Wenn ihnen ein Gedanke in den Sinn kommt, von dem sie nicht wünschen, dass er sich manifestiert, ändern sie sofort ihre Denkrichtung.
Wenn sie wirklich kurzzeitig eine negative Idee haben, *verschwenden sie niemals einen zweiten Gedanken darauf*.
Sie haben ihr Bewusstsein darauf trainiert, sich niemals länger als eine Nanosekunde mit Gedanken aufzuhalten, die sie nicht verwirklicht sehen wollen.
Sie schenken diesen Gedanken einfach keine Aufmerksamkeit, lassen sie sofort ziehen und denken einen neuen, positiveren Gedanken.

Wenn ihr wollt, nennt es *Bewegung für neues Denken*
und gründet Gruppen, die sich dem Einüben dieser
gedanklichen Praxis widmen.

Ja, das hast du mir früher schon gesagt.

Und ich werde es dir wieder sagen, wenn es ange-
bracht ist.

Sorge also dafür, dass sofort neue Gedanken deinen
Geist durchströmen, wenn du merkst, dass ein
negativer Gedanke auftaucht. Wenn du dann einen
positiven Gedanken bewusst ausgewählt hast,
teile ihn allen mit, für die er von Interesse sein
könnte.

Was das Problem angeht, deinen Worten entsprechend zu handeln, solltest du dich an dein Wort
gebunden fühlen. Und wenn du glaubst, dass, was
du denkst oder sagst, nicht in die Tat umsetzen zu
können ... *dann sag es nicht.*

Wenn du andererseits später erkennst, dass etwas,
was du angekündigt hast, von dir nicht umgesetzt
werden kann, weil etwas Unvorhergesehenes dazwi-
schenkam, dann gehe zu allen, gegenüber denen du
die Ankündigung gemacht hast, und kläre die Sache
mit ihnen. Sage ihnen die Wahrheit. Erkläre ihnen
demütig und sanft, warum du nicht in der Lage bist,
zu tun, was du versprochen hast.

Sage immer allen gegenüber die Wahrheit. So leben
hoch entwickelte Wesen.

Diese ersten Punkte auf deiner Liste hängen alle zusammen. Zum Beispiel knüpft Punkt 4 unmittelbar an das eben Gesagte an.

Ja. Punkt 4 lautet: Eine erwachte Spezies sieht, was ist, und tut dementsprechend das, was funktioniert. Menschen in unerwachtem Zustand tun oft das genaue Gegenteil.

Das scheint mir eng mit den Punkten 1, 2 und 3 zusammenzuhängen, aus einem anderen Blickwinkel.

Kannst du mir Beispiele dafür nennen, wie Punkt 4 zu unserem irdischen Alltag in Bezug steht, sodass ich besser verstehe, wie er sich auf uns auswirkt?

Natürlich. Und weil diese ersten Punkte zusammenhängen, wurde bereits einiges davon angesprochen, aber fassen wir nun das alles zusammen.

Wenn es euer Ziel ist, in Frieden, Freude und Liebe zu leben, funktioniert Gewalt nicht. Das wurde bereits bewiesen.

Wenn es euer Ziel ist, ein langes und gesundes Leben zu führen, funktioniert es nicht, täglich totes Fleisch zu verzehren, Karzinogene zu rauchen und regelmäßig literweise Nerven abtötende und das Gehirn zerfressende Flüssigkeiten wie Alkohol zu trinken. Das wurde bereits bewiesen.

Wenn es euer Ziel ist, eure Kinder frei von Gewalt und Wut großzuziehen, funktioniert es nicht, sie während der Jahre, in denen sie am beeinflussbarsten sind, Gewaltdarstellungen im Fernsehen und anderen Medien auszusetzen. Das wurde bereits bewiesen.

Wenn es euer Ziel ist, gut für die Erde zu sorgen und weise mit ihren Ressourcen umzugehen, funktioniert es nicht, sich so zu verhalten, als seien diese Ressourcen unbegrenzt. Das wurde bereits bewiesen.

Wenn es euer Ziel ist, eine Beziehung zu einer liebevollen Gottheit aufzubauen und zu kultivieren, sodass eure Religion sich segensreich auf die menschliche Zivilisation auswirkt, funktioniert es nicht, eine Kirchenlehre zu propagieren, die das Bild eines selbstgerechten Gottes zeichnet, der schreckliche Strafen verhängt. Das wurde bereits bewiesen. Benötigst du weitere Beispiele?

Nein, das war ausreichend deutlich.

Ich mag es, wie all das miteinander zusammenhängt. Ich meine, eines führt einfach ganz natürlich zum anderen. Es würde den Menschen wesentlich leichter fallen, ihre Worte und ihr Verhalten in Einklang zu bringen, wenn sie ihre in den ersten drei Punkten angesprochenen Neigungen überwinden würden. Das heißt, ihre Neigung, alle Dinge als getrennt zu betrachten statt als miteinander verbundene Teile eines Ganzen. Dann ihre Neigung, dass Offensichtliche zu ignorieren. Und schließlich ihre Neigung, die Unwahrheit zu sagen.

Dann würden sie auch ihre in Punkt 3 angesprochene Neigung ablegen, das eine zu sagen und das andere zu tun. Sie könnten endlich tun, »was funktioniert«, nachdem sie die Wahrheit darüber, »was ist«, akzeptiert und offen ausgesprochen haben.

Wunderbar ausgedrückt. Wunderbar zusammengefasst. Du verknüpfst das alles wirklich gut.

Dank der Klarheit, mit der du es hier darlegst, ja. Daher brauche ich jetzt zu Punkt 4 keine weiteren Erläuterungen. Ich verstehe, dass die HEWs aus der anderen Dimension sehen und sagen, was *ist*, und weil sie nichts voreinander verbergen, tun sie ausschließlich das, was funktioniert, um ihre gemeinsame Agenda zu verwirklichen.

Wenn die menschliche Spezies voll erwacht ist, werdet ihr euch ebenso verhalten. Und zugleich wisst ihr nun, welche Schritte ihr unternehmen müsst, um dorthin zu gelangen.

Ich freue mich sehr, das zu hören. Das erfüllt mich mit Hoffnung, denn ich erwarte, dass dieses Erwachen wirklich geschehen wird.

Du kannst zu denen gehören, die aktiv bei diesem Erwachen mithelfen. Darum geht es bei der Dritten Einladung. Und jetzt verfügt die Menschheit über das nötige »Handwerkszeug«, um dieses Erwachen herbeizuführen.
Und über die erforderliche Absicht.
Ihr könnt heute in Sekundenschnelle weltweit kommunizieren, und ein immer größer werdender Anteil

der Weltbevölkerung entscheidet sich bewusst dafür, sich engagiert diesem Prozess des Erwachens zu widmen.

Wie du selbst sagtest, seid ihr nur eine Entscheidung vom Erwachen entfernt.

18

Okay, wenden wir uns den Punkten 5, 6 und 7 zu.

Sie stehen in Zusammenhang mit Aspekten unserer menschlichen Kulturgeschichte, die in allen irdischen Gesellschaften tief verankert sind.

Okay. Rekapitulieren wir.

Punkt 5 lautet: Eine erwachte Spezies richtet ihre Zivilisation nicht am Prinzip »Gerechtigkeit« und »Strafe« aus.

Punkt 6 lautet: Eine erwachte Spezies orientiert sich nicht an jenem Konzept, das die Menschen »Mangel« nennen.

Punkt 7 lautet: Eine erwachte Spezies orientiert sich nicht an jenem Konzept, das die Menschen »Besitz« nennen.

Das sind Aussagen von großer Tragweite. Wie kann irgendein Kollektiv – selbst wenn es sich um hoch entwickelte Wesen aus einer anderen Dimension handelt – ohne irgendwelche Gesetze oder Verhaltensregeln auskommen? Und wie können die Mitglieder eines solchen Kollektivs leben, ohne jemals die Erfahrung zu machen, dass es »nicht genug« gibt, vor allem wenn sie nichts haben, was ihnen persönlich gehört?

Betrachten wir zunächst den zweiten Teil dieser Frage.

Es gibt immer »genug« von allem, was du für dein Überleben zu benötigen glaubst, wenn du weißt, dass du gar nicht *nicht* überleben kannst.

Mit anderen Worten, wenn dein Überleben niemals infrage steht, verliert die Idee des Mangels ihre Bedeutung. Die wichtigste Frage ist dann nicht mehr, *ob* ihr überlebt, sondern *wie* ihr euer Leben gestaltet. Wenn allen eine ewige Existenz garantiert ist, führt das automatisch dazu, dass alles mit allen geteilt wird, die existieren, und dass jedes Element der physischen Welt, das in einem bestimmten Setting, einer bestimmten Situation nicht unbegrenzt vorhanden ist, von allen sorgfältig bewahrt wird.

Das führt dazu, dass Mangel völlig unbekannt ist, denn alles, was in der physischen Umwelt nicht unbegrenzt vorhanden ist, kann entweder leicht entbehrt werden oder wird durch etwas neu Erschaffenes mit den gleichen nützlichen Eigenschaften ersetzt.

Es ist schön, dass es im Universum Orte gibt, wo nichts Unverzichtbares jemals knapp wird, aber hier auf der Erde haben wir dieses Glück nicht.

Oh doch. Es gibt auf eurem Planeten kein für euch unentbehrliches Element, das knapp werden könnte.

Wirklich? Was ist mit etwas so Simplem wie Wasser? Wie ich bereits erwähnte, hat ein großer Teil der

Menschheit bis zum heutigen Tag keinen Zugang zu sauberem Wasser.

Das Problem hat nichts mit einem Mangel an Wasser zu tun, sondern mit einem Mangel an Entschlossenheit. Es gibt in eurer Spezies nicht genug Leute, denen es ein Anliegen ist, sauberes Wasser für alle verfügbar zu machen. Nur deshalb gibt es das Problem.

Natürlich hast du recht. Das World Resources Institute berichtet auf seiner Webseite, dass »starken Belastungen ausgesetzte Länder ihre Wasserversorgung durch Management- und Umweltschutzstrategien sichern können«. Leider verfügen manche Länder über so wenig Wirtschaftskraft, dass sie dazu nicht in der Lage sind. Die reichen Nationen müssten also bereit sein, ihnen zu helfen.

Ja, es geht einfach darum, dass eine Zivilisation die Bereitschaft entwickelt, den existierenden Wohlstand mit allen zu teilen. Ich versichere dir, dass es nirgendwo auf der Erde einen Ort gibt, wo die Anwohner keinen Zugang zu klarem, reinem Wasser haben können – oder zu allem, was sonst noch notwendig ist, damit das Leben funktioniert. Dazu müssen die Menschen lediglich bereit sein, sich genügend um ihr gegenseitiges Wohl zu kümmern.
Aber man muss berücksichtigen, dass wir hier von einer Spezies sprechen, die, worauf du ja bereits hingewiesen hast, in jeder Stunde 650 ihrer Kinder verhungern lässt.

Ja, wir sind eine primitive Spezies, das steht fest. Unsere Handlungen – und Unterlassungssünden – beweisen das.

Primitiv oder nicht, es wäre überhaupt nicht notwendig, dass auf der Erde auch nur ein einziger Mensch hungert. Auf einem Planeten, wo in den Restaurants von Paris bis Los Angeles und Tokio täglich mehr Essen auf den Tellern zurückbleibt, als man brauchen würde, um in anderen Regionen ein ganzes Dorf eine Woche lang satt zu bekommen, müsste kein Kind an Hunger sterben.

Ich weiß. Das US-Landwirtschaftsministerium schätzt, dass allein in den USA 30 bis 40 Prozent der Lebensmittel verschwendet und weggeworfen werden. Und nach offiziellen Regierungsstatistiken wurden im Jahr 2010 durch Läden, Restaurants und Privathaushalte 60 Milliarden Kilo Lebensmittel weggeworfen.

Das sind Zustände, die in HEW-Zivilisationen undenkbar wären.
Und das ist die Antwort auf deine Frage, warum Wesen aus anderen Dimensionen keinen Mangel kennen. Für eine Spezies, die teilt, ist von allem immer genug da.
Und was deine Frage angeht, wie HEWs ohne »Gesetze und Verhaltensregeln« friedlich zusammenleben können: In welchem Maß eine Spezies erwacht ist, zeigt sich daran, wie gut sie sich ohne äußere Verhaltensnormen selbst regulieren kann.

Der »Verhaltenskodex« hoch entwickelter Wesen ist auf elegante Weise einfach: Denke über andere, sprich über sie und mit ihnen und behandele sie so, wie du dir wünschst, dass sie über dich denken, über dich und mit dir sprechen und dich behandeln.

Hmmm ... kommt mir bekannt vor. Gab es da nicht vor langer Zeit auf der Erde jemanden, der genau das lehrte?

Tatsächlich lehrt jede eurer Religionen eine Version dieses Verhaltenskodexes, den ihr die Goldene Regel nennt. Der Unterschied zwischen menschlichen Kulturen und Zivilisationen und den HEWs besteht darin, dass die HEWs wirklich gemäß der Goldenen Regel leben, während es bei euch Menschen oft nur ein Lippenbekenntnis ist.

Ja, aber was geschieht in solchen Zivilisationen, wenn jemand anderen etwas antut, von dem er nicht will, dass man es ihm selbst zufügt? Was geschieht, wenn jemand – bestimmt sagst du mir gleich, dass es dafür in der Sprache der HEWs gar kein Wort gibt – ein »Verbrechen« begeht?

Du hast recht. In der Kultur der HEWs gibt es »Verbrechen und Strafe« nicht.
Niemand begeht dort ein »Verbrechen«, weil alle verstehen, dass sie alle eins sind und dass ein Angriff auf ein anderes Wesen einen Angriff auf das eigene Selbst bedeuten würde.

Daher braucht man auch nicht das, was ihr »gerechte Strafe« nennt. Ihr Konzept von »Gerechtigkeit« geht sehr viel tiefer als eure Idee, dass »Verbrechen« bestraft werden müssen.

In der menschlichen Gesellschaft gibt es Kriminalität, das steht fest. Und nicht jeder, der ein Verbrechen begeht, wird dafür zur Rechenschaft gezogen. Aber die Mehrheit in unserer Kultur tröstet sich zumindest damit, dass im Jenseits Gerechtigkeit waltet. Sünder erwartet ewige Strafe und Verdammnis!

Da müsst ihr euch entscheiden. Wünscht ihr euch einen bedingungslos liebenden Gott oder einen verurteilenden, verdammenden, strafenden Gott?

Ich weiß, ich weiß. Das ist alles sehr verwirrend. Wir sind alle sehr … kompliziert. Wir wollen nicht, dass du Urteile fällst, und dann wollen wir es doch. Wir wollen deine Strafen nicht, und doch fühlen wir uns ohne sie verloren. Und wenn du sagst, und das hast du in all unseren Gesprächen beharrlich getan, dass du uns niemals bestrafen wirst, glauben wir das nicht – und manche von uns werden geradezu wütend deswegen. Denn wenn du nicht über uns urteilst und uns nicht bestrafst, was soll uns dann davon abhalten, vom geraden Weg abzukommen? Und wenn es im Himmel keine »Gerechtigkeit« gibt, wer wird dann die ganze Ungerechtigkeit auf der Erde ausgleichen?

Warum erwartet ihr, dass der Himmel das korrigiert, was ihr »Unrecht« nennt? Fällt denn nicht der erfrischende, reinigende Regen vom Himmel?

Ja.

Ich aber sage euch: Er lässt regnen auf Gerechte und Ungerechte.

Aber was ist mit: Mein ist die Rache, spricht der Herr?

Das habe ich nie gesagt. Das hat jemand von euch erfunden, und die anderen haben es geglaubt. »Gerechtigkeit« ist nicht etwas, das euch widerfährt, *nachdem* ihr etwas getan habt, sondern *weil* ihr bestimmte Dinge tut oder unterlasst. Gerechtigkeit ist eine Handlung, nicht die Strafe für eine Handlung. Eine erwachte Spezies versteht das.

Ich sehe ein, dass das Problem unserer Kultur darin besteht, dass wir »Gerechtigkeit« fordern, nachdem ein »Unrecht« geschehen ist, statt uns von vornherein im Umgang miteinander stets rechtschaffen und gerecht zu verhalten.

Damit triffst du den Nagel auf den Kopf! Gerechtigkeit ist Aktion, nicht *Reaktion*.

Würden sich alle in unserer Gesellschaft rechtschaffen verhalten, so wie alle Einzelwesen einer erwach-

ten Spezies, hätten wir gar nicht das Bedürfnis, zu verurteilen und Strafen zu verhängen.

Das ist richtig.

Aber wird das jemals möglich sein? Wird es jemals eine Zeit geben, in der alle sich gerecht und gewaltfrei verhalten?

Ja. Wenn alle erwachen.

Und *werden* alle erwachen?

Das entscheidet ihr selbst, und zwar hier und jetzt.

In einem unserer früheren Gespräche kamen diese Dinge schon einmal zur Sprache, mit exakt dem gleichen Wortlaut. Ich freue mich, dass wir es hier noch einmal wiederholen, wie ein Zitat aus einem schönen Theaterstück oder einem Lieblingsgedicht.

Ich freue mich mit dir.

Dieser Dialog hier gibt mir die Möglichkeit, vieles von dem, was du früher gesagt hast, zu einem zusammenhängenden Ganzen zu kombinieren.

So ist es beabsichtigt. Bei der Dritten Einladung geht es unter anderem um eine vollständige Integration.

19

Damit sind die in den Punkten 5 und 6 erwähnten Vorstellungen von Mangel, Gerechtigkeit und Strafe näher beleuchtet worden. Wie steht es mit Punkt 7 – »Besitz«. Dürfen wir nichts besitzen?

Ihr dürft tun, was immer ihr wünscht, aber in den Zivilisationen hoch entwickelter Wesen gibt es keinen Besitz.

Was ist so schlecht daran, etwas sein Eigen nennen zu können? Ist denn wirklich alles, was wir auf diesem Planeten tun, falsch?

So etwas wie richtig und falsch gibt es nicht. Es gibt nur das, was funktioniert, und zwar immer im Hinblick darauf ...

... ich weiß, ich weiß: »Im Hinblick darauf, was ihr gerne tun oder erreichen wollt.«

Ja. Ich wiederhole mich, weil du dich wiederholst. Du fällst immer wieder in menschliche Denkweisen zurück, die für eine erwachte Spezies ohne Bedeutung sind – zum Beispiel »richtig« und »falsch«.

Aber warum soll es nicht funktionieren, etwas zu besitzen? Die meisten Leute kommen damit prima klar.

Du meinst die Leute, die das meiste besitzen.

Selbst die Leute, die nicht das meiste besitzen, wollen gerne *mehr* besitzen.

Natürlich wollen sie das, denn diejenigen, die das meiste besitzen, geben nicht gerne etwas ab. Das Wirtschaftssystem, das ihr geschaffen habt, garantiert ihnen, dass sie es für sich behalten dürfen. Es gibt natürlich Ausnahmen, aber sie sind genau das: *Ausnahmen*, nicht die Regel.
Ich bin mir sicher, dass dir das bewusst ist.
Zu Beginn dieses Gesprächs hast du selbst gesagt, dass die 85 reichsten Menschen auf der Welt zusammen mehr besitzen als die Hälfte der Weltbevölkerung, also als 3,5 Milliarden Menschen.

Ja, und das ist mir natürlich bewusst. Aber während dieses Dialogs möchte ich manchmal so tun, als wäre ich James Thurbers »Durchschnittsbürger«. Ungeachtet all dieser Ungleichheiten würden die meisten Menschen die Idee persönlichen Besitzes nicht aufgeben wollen.
Wie verhalten sich die Mitglieder einer erwachten Spezies in dieser Hinsicht?

Sie verstehen, dass, weil sie alle eins sind, alles, was existiert, allen gehört, die existieren.

Aber wie funktioniert das in der Praxis? Es gibt auf unserem Planeten nicht genug Farmland, dass jeder den Boden pflügen, Saatgut ausbringen, ernten und damit seinen Lebensunterhalt verdienen könnte.

Es kann nicht jeder Mensch einfach in die Wohnung eines anderen spazieren, als gehöre sie ihm, und dort herumhängen. Erstens passt eben nur eine begrenzte Anzahl Personen in eine Wohnung oder ein Haus. Und selbst wenn genug Platz da wäre, was ist mit dem Recht auf Privatsphäre? Muss denn alles miteinander geteilt werden, einschließlich Ehepartnern, Kindern und jeglicher Art von persönlichem Besitz?

Wie soll das funktionieren?

In der Zivilisation einer erwachten Spezies wird die Idee des »Besitzes« ersetzt durch das Konzept der »Obhut«.

Die Wesen einigen sich in gegenseitigem Einvernehmen, was sich in wessen Obhut befindet, wer mit wem eine Paarbeziehung eingeht, wer Kinder großzieht und wer welchen Tätigkeiten in der physischen Welt nachgeht.

Niemand »nimmt« sich eine Sache, die sich in der Obhut eines anderen befindet, oder missachtet eine eingegangene Partnerschaftsvereinbarung.

Wer Nachkommen zeugt, hat nicht die Vorstellung, dass diese Kinder den Eltern »gehören«, und wer eine Paarbeziehung eingeht, denkt nicht, dass die Partner einander »gehören«. Wer etwas in seine Obhut nimmt – sei es ein materielles Objekt oder ein Stück Land –, betrachtet es nicht als seinen »Besitz«.

Sie kümmern sich nur liebevoll um diese anderen Wesen oder materiellen Dinge.

Zum Beispiel hegen HEWs nicht die Vorstellung, weil ein Stück der Oberfläche des Planeten, auf dem sie sich verkörpert haben, sich in ihrer Obhut befindet, »gehörten« ihnen die Mineralien, das Wasser oder was sich noch unter diesem Stück Land befindet, bis hinab zum Erdzentrum.

Auch kämen sie nicht auf die Idee, die Luft, der Himmel über diesem Land würde ihnen »gehören«. Es gibt also keinen Streit darüber, wie weit hinauf oder wie tief hinab ein Besitztitel reicht und wem diese »Rechte« gehören.

Wesen, die wissen, dass sie alle eins sind, würden solche Diskussionen sinnlos erscheinen. Es wäre für sie undenkbar, dass ein Einzelwesen oder eine Gruppe von Wesen ein Stück eines Planeten »besitzen« könnte.

Bei uns gibt es immer wieder Streit zwischen Regierungen und Einzelpersonen über »Überflugrechte«, »Wasserrechte« und »Schürfrechte«.

Ja, das weiß ich. Wo also beginnt und endet »Besitz«?

Doch wenn Menschen *nichts* besitzen, wie können sie dann Gewinne erwirtschaften? Und wenn sie keine Gewinne erzielen, wie verdienen sie dann ihren Lebensunterhalt?

Hoch entwickelte Wesen haben eure Idee von »Gewinn« oder »Profit« anders definiert. Sie denken nicht, dass es »profitabel« ist, auf Kosten anderer zu profitieren. Sie finden es nicht akzeptabel, wenn sie gewinnen und ein anderer verliert. Und insbesondere finden sie es nicht ehrenwert, wenn ihr Gewinn *bewirkt,* dass jemand anderes einen Verlust erleidet. In ihrer Zivilisation profitiert ein Einzelner nur, wenn alle profitieren.

Den meisten Menschen fällt es offenbar sehr schwer, sich eine solche Denkweise zu eigen zu machen. Was uns zu Punkt 8 führt.

Punkt 8 lautet: In der Zivilisation einer erwachten Spezies teilen alle mit allen. Menschen im unerwachten Zustand tun das oft nicht, sondern sind nur in begrenztem Umfang bereit zu teilen.

Viele Leute auf diesem Planeten glauben, dass dieses Teilen in der Praxis nicht funktionieren würde und deshalb utopisch sei.

Unsinn. Es funktioniert doch auch bei euch jeden Tag. Auf eure eingeschränkte Art praktiziert ihr es längst. In euren Familien zum Beispiel. Ihr würdet, wenn es regnet, doch nicht euren Regenschirm nur über euren Kopf halten und zu eurem Partner oder euren Kindern sagen: »Schade, dass wir nur einen Schirm haben. Seht zu, wo ihr bleibt!«

Ihr würdet niemals den ganzen Apfelkuchen essen, euren Partner oder eure Kinder zuschauen lassen und zu ihnen sagen: »Dieser Kuchen schmeckt köstlich, und deshalb esse ich ihn allein auf. Backt euch selber einen.«

Ich habe hier zwei eher heitere Beispiele gewählt, aber wenn es eure Familie oder geliebte Menschen betrifft, versteht ihr sehr gut, was es bedeutet, nicht zu teilen und nur an sich selbst zu denken.

Der einzige Unterschied zwischen euch und den HEWs besteht darin, dass sie *alle anderen* als ihre Familie und als liebenswert betrachten.

Die Lösung für viele eurer irdischen Probleme ist offensichtlich.

Aber warum öffnen wir uns dann nicht für diese Lösung? Was hält uns als Gesellschaft davon ab, diese offensichtliche Wahrheit zu erkennen und alles mit allen zu teilen?

Ihr auf der Erde verhaltet euch nicht so, weil ihr glaubt, es sei nicht genug für alle da. Deshalb wollt ihr sicherstellen, dass ihr nicht zu kurz kommt oder leer ausgeht. Der Idee, alles miteinander zu teilen, steht in eurem Denken die Idee des Mangels entgegen.

Aber es gibt doch mehr als genug für alle! Wir haben, was die Dinge, die wir zum Leben brauchen – Nahrung, Wasser, Energie –, angeht, kein Problem des Mangels, sondern der Verteilung.

Das ist richtig. Ihr könnt frei und großzügig all die Gaben, Talente, Fähigkeiten, Erkenntnisse, all die Fülle, mit der das Leben euch beschenkt, miteinander teilen und entspannt zuschauen, wie das Leben euch alles zufließen lässt, was ihr für euer Wohlergehen benötigt.

Ihr werdet euch selbst mit dem Wissen überraschen – und wegen dieses Wissens euer Wertesystem verändern –, dass ihr in Wirklichkeit viel weniger benötigt, als ihr dachtet. um in eurer körperlichen Form heil und intakt zu bleiben. Und um als Seele lebendig zu bleiben, benötigt ihr überhaupt nichts, denn ihr werdet immer lebendig sein. Als Seele könnt ihr gar nicht *nicht* lebendig sein. Es geht lediglich darum, welche Existenzform ihr jeweils annehmen möchtet.

Das ist natürlich die Frage, die ihr mit jeder Entscheidung und Handlung in eurem Leben beantwortet. Welche Form soll meine Existenz annehmen?

Gerade jetzt gegenwärtig würde euer Planet davon profitieren, wenn mehr Menschen beim Aufwecken der Spezies mithelfen würden, indem sie eine mögliche neue Seinsweise für die Menschheit demonstrieren und vorleben. Diese Menschen werden sich aber von sich aus dazu entscheiden müssen, denn niemand wird sie beauftragen oder salben.

Deshalb die Dritte Einladung.

Aber, wie ich früher schon sagte: Wie können wir unseren Lebensunterhalt verdienen, wenn alle alles mit allen teilen und jede Definition von »Profit« stets beinhalten muss, dass *alle* profitieren?

Die Erfahrung, lebendig zu sein, muss sich niemand »verdienen«. Das Leben ist ein Geschenk, das euch allen gegeben wird. Es sind dafür keine täglichen Mühen nötig, mit denen ihr euren Wert beweisen müsstet.

Jede Zivilisation kann ganz leicht und problemlos ein System schaffen, das es der Gesellschaft ermöglicht, die Bedürfnisse von Individuen und Gruppen zu erfüllen, ohne dass die Mitglieder dieser Gesellschaft ihre Seele verkaufen und ihre Träume opfern müssen, um zu überleben.

Ich verstehe. Es muss einen Weg geben, ein Gesellschaftssystem zu etablieren, in dem jeder Mensch mehr oder weniger die gleiche Energie beiträgt und empfängt. In dieser Gesellschaft hätten alle ihr Auskommen und die Möglichkeit, Dinge zu tun, die sie wirklich lieben. Doch ich denke, es wird schwer werden, das zu verwirklichen, solange unsere Gesellschaft insgesamt sich nicht ändert.

Tatsächlich *wird* eure gesamte Gesellschaft sich ändern, wenn die Mehrheit der Menschen erkennt, wie leicht diese Veränderung jenen fällt, die mit gutem Beispiel vorangehen. Ich sagte ja bereits, dass eure Entscheidung, beim Aufwecken eurer Spezies aktiv mitzuhelfen, nicht bedeutet, dass ihr eine Führungsposition anstrebt, sondern dass ihr euch von eurer

inneren Weisheit zu einer anderen Art des Menschseins hinleiten lasst.

Denke immer daran, dass ein »Anführer« niemand
ist, der sagt: »Folge mir.« Ein Anführer ist jemand, der
sagt: »Ich gehe als Erster.«

Ihr könnt die Art und Weise, wie eure irdischen
Gesellschaften funktionieren, nicht über Nacht
verändern, aber ihr als Individuen könnt jederzeit
die zentralen Qualitäten einer erwachten Spezies
praktizieren – und so mit gutem Beispiel vorangehen.

20

Das war wirklich sehr hilfreich, und weißt du was? Wenn ich mir die Punkte 9 bis 16 auf unserer Liste anschaue, verstehe ich das meiste davon bereits ziemlich gut.

Dann fasse sie kurz für mich zusammen. Hier sind sie noch einmal:

9. Eine erwachte Spezies schafft ein Gleichgewicht zwischen Technologie und Kosmologie, zwischen Maschinen und Natur. Menschen im unerwachten Zustand gelingt das oft nicht.

10. Mitglieder einer erwachten Spezies würden unter keinen Umständen die gegenwärtige physische Daseinsform eines anderen fühlenden Wesens beenden, es sei denn, dieses Wesen bittet sie darum. Menschen im unerwachten Zustand töten häufig andere Menschen, auch wenn diese sie nicht darum gebeten haben.

11. Eine erwachte Spezies würde niemals etwas tun, durch das die physische Umwelt geschädigt würde, die diese Spezies für ihre körperliche Existenz benötigt. Menschen im unerwachten Zustand tun das häufig.

12. Eine erwachte Spezies vergiftet sich niemals selbst. Menschen im unerwachten Zustand tun das häufig.

13. In einer erwachten Spezies gibt es keine Konkurrenz. Menschen im unerwachten Zustand konkurrieren häufig untereinander.

14. Einer erwachten Spezies ist klar, dass sie nichts braucht. Menschen im unerwachten Zustand erzeugen oft Erfahrungen der Bedürftigkeit.

15. Eine erwachte Spezies erlebt bedingungslose Liebe und bringt diese gegenüber allen zum Ausdruck. Menschen im unerwachten Zustand können sich oft noch nicht einmal bei einer Gottheit vorstellen, dass deren Liebe an keinerlei Bedingungen geknüpft ist. Und noch weniger lieben sie selbst bedingungslos.

16. Eine erwachte Spezies nutzt die metaphysischen Kräfte. Menschen im unerwachten Zustand ignorieren diese Kräfte weitgehend.

Mir ist klar, dass wir, wenn wir die Verhaltensweisen einer erwachten Spezies übernehmen wollen, unsere Kosmologie (unsere Philosophie, unseren Glauben, unsere Weltsicht und unser Bild von uns selbst) dem Stand unserer Technologie angleichen müssen (unseren Waffensystemen, unseren Möglichkeiten der Gentechnik und des Klonens von Säugetieren [und gewiss bald auch Menschen], unserer lebensverlängernden Medizin und allem anderen). Tun wir das nicht, bekommen wir ethisch, moralisch und spirituell Probleme, die sich im Rahmen unserer alten Glaubenssätze und Überzeugungen nicht lösen lassen.

Mir ist klar, dass wir, wären wir erwacht, nicht länger unsere Umwelt vergiften würden … nicht länger uns selbst vergiften würden durch das, was wir essen, einatmen, anhören und im Fernsehen anschauen … und nicht länger miteinander auf oft erbarmungslose Weise konkurrieren würden – um Geld, Macht, Ruhm, Liebe, Sex, um *alles*.

Mir ist klar, dass wir, wenn wir ein Leben als erwachte Spezies führen, aus unseren vermeintlichen Bedürfnissen *Vorlieben* machen und wirklich (und dauerhaft) bedingungslos lieben werden, während wir einen Gott akzeptieren, der uns bedingungslos liebt.

> Du verstehst, worauf es ankommt. Es ist nicht nötig, dass ich darauf näher eingehe.

Nur mit den Punkten 10 und 16 sollten wir uns noch einmal beschäftigen.

Unter 10. heißt es, dass Mitglieder einer erwachten Spezies unter keinen Umständen die gegenwärtige physische Daseinsform eines anderen fühlenden Wesens beenden würden, es sei denn, dieses Wesen bittet sie darum. Menschen im unerwachten Zustand töten häufig andere Menschen, auch wenn diese sie nicht darum gebeten haben.

Letzteres lässt sich nicht leugnen, aber fairerweise sollte man hinzufügen, dass die meisten Tötungen aus Gründen der Selbstverteidigung geschehen.

In primitiven Kulturen werden Angriffe immer als Selbstverteidigung bezeichnet. Doch selbst in einer Situation, die ihr als »Verteidigung« bezeichnet, würde ein HEW niemals die gegenwärtige physische Daseinsform eines anderen fühlenden Wesens beenden, es sei denn, dieses Wesen bittet darum.

Wir haben nicht das Recht, uns zu verteidigen? Wow! Da stellst du aber Ansprüche, die wohl kaum jemand auf diesem Planeten zu erfüllen bereit wäre. Selbst unsere Religionen und unsere Gesetze sagen uns, dass Töten gerechtfertigt ist, wenn es zur Selbstverteidigung oder in Notwehr geschieht. Willst du damit sagen, dass wir nicht das Recht haben, uns selbst zu schützen, wenn das nur möglich ist, indem wir einen anderen töten?

Ihr habt »das Recht« zu tun, was immer ihr wünscht. Ich lade euch aber ein, euch daran zu erinnern, dass ihr euch durch alles, was ihr tut, selbst definiert. Wenn es euer Wunsch ist, euch als Spezies zu definieren, die Wesen der eigenen Art tötet, damit andere Wesen der eigenen Art überleben können, könnt ihr das tun, und niemand wird euch daran hindern.

Aber der Tag wird kommen, an dem ihr euch entscheiden werdet, dies nicht mehr zu tun, und sei es nur, weil euch klar wird, dass ihr in eurem wahnhaften Bedürfnis, eure Spezies zu schützen, sie beinahe vernichtet habt.

Aber heißt das, wenn wir erwacht sind, werden wir alles mit uns machen lassen, ohne jede Gegenwehr?

Wenn eure Spezies erwacht, wird sie keine Szenarien mehr erzeugen, in denen die Menschen sich gegen ihresgleichen verteidigen *müssen*.

Ihr werdet dann eure Waffen niederlegen – ihr alle gleichzeitig – und für immer der Möglichkeit entsagen, euch gegenseitig zu vernichten. Euer ständiger Konkurrenzkampf wird enden, und ihr werdet Wege finden, alles miteinander zu teilen, was geteilt werden kann, einschließlich aller Ressourcen eures Planeten und all der faszinierenden Wunder eurer Wissenschaft, Technologie und Medizin.

Eine erwachte Spezies wird ein solches Verhalten absolut einleuchtend und angemessen finden.

Ihr werdet dann keinen Grund zur Selbstverteidigung mehr haben, weil niemals wieder jemand einen Grund haben wird, euch anzugreifen – physisch, emotional, finanziell oder in irgendeiner anderen Hinsicht.

Aber was ist, wenn wir von einer Art Renegat angegriffen werden, der selbst noch nicht erwacht ist? Du weißt schon, die eine Person unter tausend oder einer Million, die mental instabil ist.

Dann würdet ihr einfach euren Körper ablegen und friedlich das Reich der Materie verlassen, im sicheren Wissen, dass euer »Tod« nicht das Ende ist – außer für unnötige Gewalt.

So, wie es Obi Wan Kenobi tat, als er in einem der *Star-Wars*-Filme von Darth Vader bedroht wurde.

Ja, genau so. In euren Science-Fiction-Romanen und -Filmen sind der Menschheit schon mehr als einmal wunderbare erleuchtete Ideen präsentiert worden. Obi Wan Kenobi handelte natürlich so, weil er wusste, dass er gar nicht sterben kann, dass der »Bösewicht« ihm nichts antun, seine Existenz nicht beenden konnte.

Aber was ist, wenn die gesamte Menschheit von Wesen einer anderen Spezies angegriffen würde? Du hast selbst gesagt, dass es im physischen Universum Wesen von anderen Planeten gibt, Wesen, die technologisch fortschrittlich und dennoch gewaltbereit sind. Müssen wir uns keine Sorgen machen, dass sie eines Tages zur Erde kommen und uns vernichten wollen?

Nein. Es wird nicht zugelassen werden, dass gewaltbereite fühlende Wesen aus anderen Galaxien eure Zivilisation zerstören. Die hoch entwickelten Wesen, die in einer anderen Dimension existieren, würden das verhindern.

Warum? Warum würden sie sich einmischen?

Weil es ihren Zwecken dient, ihre wahre Identität durch ihr Eingreifen zum Ausdruck zu bringen und zu erfahren. Sie verfügen über ein anderes Wissen und haben andere Ziele als Wesen, die sich in erster Linie als physische Wesen in einem materiellen Universum erleben.

Und doch lassen sie es zu, dass eine ganze Zivilisation sich die eigene planetare Existenz ruiniert.
Sie lassen zu, dass wir das tun.

Hierbei handelt es sich um die bewusste Entscheidung einer Zivilisation, um ihren kollektiven Willen.
Dieses Verhalten verletzt nicht den kollektiven bewussten Willen einer anderen Zivilisation auf einem anderen Planeten.
Selbst auf der Erde macht ihr diesen Unterschied.
Es ist ein Unterschied, ob jemand aus freien Stücken sein eigenes Leben beendet oder ob jemand sich entscheidet, das Leben eines anderen Menschen gegen dessen Willen zu beenden.
Im galaktischen Maßstab würden HEWs Ersteres voller Mitgefühl gestatten, während sie Letzteres nicht zulassen würden.

Einmal hast du zu mir gesagt, dass niemand zu einer Zeit oder auf eine Weise stirbt, die nicht selbst gewählt ist.

Das ist richtig.
Das sagte ich in unserem letzten Gespräch – einem Dialog, den du in dem Buch *Zuhause in Gott: Über das Leben nach dem Tode* veröffentlicht hast.
Mir ist bewusst, dass dies eine der schwierigsten und

herausforderndsten Offenbarungen ist, die dir übermittelt wurden, aber das macht sie nicht weniger
wahr.

Die Mysterien des Lebens lassen sich mit dem begrenzten menschlichen Bewusstsein nicht vollständig
begreifen, und eine so junge Spezies wie ihr verfügt
einfach noch nicht über das vollständige Wissen.

Ich kann dir nur versichern, dass auf der Seelenebene
die Ereignisse, die du ansprichst, sich im Einklang mit
der spirituellen Agenda der Seele befinden.

**Und doch werden auf der Erde immer wieder Men-
schen ermordet – gegen ihren Willen getötet –, und
wie du sagst, geschieht das offenbar auch auf anderen Planeten, wo gewalttätige Wesen leben.**

Der individuelle Überbewusste Wille wird dabei
niemals verletzt. Wenn ihr euch dazu entscheidet,
das zu tun, was ihr »sterben« nennt – was auf der
Überbewussten Ebene geschieht (also der Ebene
der Seele), nicht auf der Bewussten Ebene (also der
Ebene eures Wachbewusstseins) –, begebt ihr euch
in voller Absicht von der materiellen Ebene auf die
metaphysische Ebene. Das geschieht stets nur, wenn
ihr euch dazu entscheidet, sonst nicht.

21

Ich denke, das erfordert weitere Erklärungen, eine
nähere Untersuchung. Aber ich möchte später darauf zurückkommen und mich jetzt zunächst Punkt
16 zuwenden. Mir scheint, bei diesem letzten Punkt
auf der Liste gibt es einen wirklich wichtigen Aspekt, mit dem wir uns unbedingt beschäftigen sollten, wobei aber offenbar auch ein Zusammenhang
zu Punkt 10 besteht. Punkt 16 sagt uns, dass eine erwachte Spezies die metaphysischen Kräfte nutzt,
während Menschen im unerwachten Zustand diese
Kräfte weitgehend ignorieren. Worauf bezieht sich
das?

> Hier wird gesagt, dass die volle Bandbreite der Uni-
> versalen Weisheit und der Schöpferischen Meta-
> physischen Kraft von der Menschheit bislang kaum
> genutzt wird.

Auch hier frage ich wieder: Kannst du mir ein Beispiel nennen?

> Ja. Du hast vor Kurzem selbst gesagt, dass ein Mann
> namens Emile Coué im frühen 20. Jahrhundert die
> Macht der Autosuggestion bewiesen hat.

Nun, zumindest genügten *ihm* die Beweise, die er gefunden hatte.

Und du glaubst nicht an seine Resultate?

Doch, ich glaube daran. Aber viele Leute sind da anderer Ansicht.

Die Frage ist, nutzt du, der du an diese Methode glaubst, sie in deinem Alltag? Hast du sie als Hilfsmittel benutzt, um eine Besserung deiner körperlichen Beschwerden zu erreichen?

Nicht regelmäßig, nein.
Warte. Ich sollte ehrlich sein.

Das wäre gut.

Ich habe sie nie benutzt. Ich glaube, dass die energetische Kraft des Geistes die energetische Signatur der Zellen im Körper beeinflussen kann – über diese Möglichkeit haben wir schon gesprochen –, doch ich habe die Coué-Methode nie benutzt, um meine körperlichen Beschwerden und Krankheiten zu behandeln.

Damit ist der Fall klar.

Ich denke, dass unsere Gesellschaft noch nicht bereit dafür ist, sich im großen Maßstab auf die Metaphysik einzulassen, das zu praktizieren, was manche

Alchemie nennen, und die sogenannte Kraft des positiven Denkens anzuwenden.

Einzelne tun es immer wieder, und manche spirituellen Gruppen – deren Mitgliederzahlen im Verhältnis zur Gesamtbevölkerung relativ klein sind – tun es, aber ich verstehe jetzt, was du meinst. Als Zivilisation sind wir noch weit davon entfernt, die metaphysischen Kräfte wirklich zu nutzen.

Das stimmt. Aber immerhin werden sich immer mehr Menschen dieser Kräfte bewusst und gehen Schritt für Schritt in diese Richtung.

Ja. Vor ein paar Jahren erschien *The Secret* als Buch und Film. Darin ging es um unsere Fähigkeit, unsere eigene Realität zu erschaffen. In dem Film wurde das veranschaulicht, indem sie einen Mann zeigten, der plötzlich sein Traumauto vor dem Haus stehen hat, und eine Frau, die plötzlich ein kostbares Diamantcollier trägt. Man sieht sogar einen neunjährigen Jungen, der sich über sein funkelndes neues Fahrrad freut.

Aber mir ist klar, dass das nur unsere ersten Lauflernschritte sind. Ich habe mich bei dem Film gefragt, warum man dieses »Geheimnis«, wenn es denn so mächtig ist, nicht dafür nutzt, zum Beispiel den Weltfrieden zu erschaffen.

Diese Idee als mögliche Anwendung wurde in dem Film überhaupt nicht erwähnt – was darauf hinweist, wo in unserer Bedeutungsskala der Weltfrieden rangiert, im Vergleich zu neuen Autos, Diamanthalsbändern und funkelnden Fahrrädern. Oder jeden-

falls, als wie wichtig wir ihn nach Meinung der Film-
autoren im Vergleich zu diesen materiellen Besitz-
tümern einstufen.

Dabei könntet ihr mithilfe grundlegender metaphysischer Prinzipien ohne Weiteres den Weltfrieden
erschaffen.

Ja, mein wunderbarer Freund John Hagelin reist um
die Welt und weist überall darauf hin. Dr. Hagelin, ein
angesehener Quantenphysiker und Wissenschafts-
und Politikexperte, schreibt dazu im Internet:
»Den meisten Menschen ist nicht bewusst, wie tief
ihr Bewusstsein mit dem kollektiven Schicksal des
Planeten verbunden ist – oder wie sie eine wirkungs-
volle, wissenschaftlich erprobte Bewusstseinstech-
nik dazu nutzen können, praktisch über Nacht den
Weltfrieden zu erschaffen.

Über fünfzig beispielhafte Projekte und dreiund-
zwanzig in führenden Fachpublikationen veröffent-
lichte wissenschaftliche Peer-Review-Studien beweisen, dass diese neue bewusstseinsbasierte Methode
zur Herbeiführung des Weltfriedens wirklich in der
Lage ist, die ethnischen, politischen und religiösen
Spannungen zu neutralisieren, die der Ursprung von
Kriminalität, Gewalt, Terrorismus und Krieg sind.

Die Methode wurde auf lokaler, nationaler und
internationaler Ebene erprobt und hat in allen Fällen funktioniert. Resultat war immer ein deutlicher
Rückgang negativer sozialer Trends und eine starke
Zunahme positiver Trends.

Große Gruppen von Frieden schaffenden Experten, die diese Bewusstseinsmethoden gemeinsam praktizieren, tauchen in ihrem Inneren tief in die fundamentale Ebene von Geist und Materie ein, die in der Physik als das ›einheitliche Feld‹ bezeichnet wird.

Von dieser Ebene des Lebens ausgehend, erzeugen sie eine Flutwelle der Harmonie und Kohärenz, durch die unsere Gesellschaft sich permanent zum Besseren verändern kann, wie wissenschaftliche Forschungen beweisen. Und dieser bewusstseinsbasierte Ansatz ist ganzheitlich, einfach in die Tat umzusetzen, nicht invasiv und kostengünstig.«

(Weitere Informationen unter www.Permanent-Peace.org)

Die Frage lautet also: Was müssten wir verändern, um diese … spirituelle Technologie, wenn man es so nennen kann, erfolgreich anwenden zu können?

Was glaubst du?

Wir müssen lediglich erwachen. Selbst wenn nur einige von uns wenigstens teilweise erwachen, könnte das der Sache den nötigen Schub geben. Ich war beeindruckt von einem seiner Lehrvideos. Dort sagt Hagelin am Schluss:

»Es gibt mehr Beweise dafür, dass sich durch Gruppenmeditation Krieg ausschalten lässt wie ein Licht, das man ausknipst, als es Beweise dafür gibt, dass Aspirin Kopfschmerzen lindert.«

Da hast du es. Erzähle allen, die du kennst, von dieser Erkenntnis. Und sag ihnen, dass sie es allen weitererzählen sollen, die sie kennen. Metaphysik funktioniert. Sie ist der Dreh- und Angelpunkt des Universums. Und hoch entwickelte Wesen wissen das.

22

Okay, ich danke dir. Damit ist die Liste besprochen, und ich fand es sehr aufschlussreich. Ich glaube aber, dass wir bezüglich Punkt 10 deine Anmerkungen zum Thema Tod näher beleuchten sollten.

> Punkt 10 lautet: Mitglieder einer erwachten Spezies würden unter keinen Umständen die gegenwärtige physische Daseinsform eines anderen fühlenden Wesens beenden, es sei denn, dieses Wesen bittet sie darum. Menschen im unerwachten Zustand töten häufig andere Menschen, auch wenn diese sie nicht darum gebeten haben.

Darüber sollten wir nicht leichtfertig hinweggehen. Und ich begreife jetzt, dass auch, was meinen eigenen Tod angeht, es von großer Bedeutung sein kann, ob und wie wir im Umgang mit Krankheiten und anderen Ereignissen die Kräfte der Metaphysik nutzen. Aber willst du mir wirklich sagen, dass ich auch dann, wenn ich ermordet werde oder bei einem Verkehrsunfall ums Leben komme, den ein rücksichtsloser Autofahrer verursacht hat, meinen Tod selbst gewählt habe?
Warum sollte eine Seele den Tod wählen?

Die Antwort ist so vielfältig wie die Seelen, die es im Universum gibt. Aber ich versichere dir, dass der Tod den Absichten dient, die von der betreffenden Seele in diesem Moment verfolgt werden. Sonst würde er nicht eintreten.

Was ist mit den Menschen, die zurückbleiben und trauern? Wird das von denen, die sterben, berücksichtigt?

Selbstverständlich. Alle Konsequenzen ihres Todes werden von ihnen berücksichtigt. Und sie tun alles in ihrer Macht Stehende, um die Trauer der geliebten Menschen zu lindern, indem sie ihnen zu übermitteln versuchen, dass sie in Wahrheit gar nicht tot sind, sondern einfach ihren Tag des Ewigen Lebens gefeiert haben.

Was meinst du mit »übermitteln«? Sie können uns mitteilen, dass sie noch leben?

Viele Menschen wissen bereits, was ich meine. Es gibt viele Berichte darüber, dass jene, die »gegangen« sind, Möglichkeiten gefunden haben, ihren Hinterbliebenen mitzuteilen, dass sie »weiterhin lebendig« sind.

Meine Güte, dieses Gespräch wird immer »paranormaler«.

Tatsächlich wird es immer »normaler«. Es befasst sich mit Dingen, die du tief im Inneren längst weißt, für die du dich aber bislang noch nicht wirklich öffnen konntest, was auf die in eurer sehr jungen Spezies gegenwärtig vorherrschende Kulturgeschichte zurückzuführen ist.

Wenn ich das alles zusammennehme, lautet mein Fazit, dass es *nicht schlimm* wäre, wenn Außerirdische uns angreifen würden. Wenn wir uns nicht dafür entscheiden zu »sterben«, werden sie uns nicht töten. Sie *können* es dann gar nicht.

Richtig. Ihr würdet Mittel und Wege finden, um das zu verhindern. Zum Beispiel könnte jemand zu euren Gunsten eingreifen.

Ah, ich verstehe. Zum Beispiel eine Intervention der HEWs.

Zum Beispiel. Und die Energie-Signatur dessen, wozu die Seele sich entscheidet oder was ihr den Überbewussten Willen nennen würdet, wirkt auch auf der individuellen Ebene.
Wenn du als Individuum nicht auf der Überbewussten Ebene beschlossen hast, deinen physischen Körper zu verlassen, wird das nicht geschehen, selbst in der höchsten Lebens-gefahr. Du erlebst vielleicht etwas, das andere »unglaubliches Glück«, eine »Wunderheilung« oder »dem Tod um Haaresbreite entronnen« nennen werden, aber du stirbst nicht.
Der Kollektive Überbewusste Wille – also die Absicht,

die alle Mitglieder des Kollektivs gemeinsam verfolgen – ist der einzige Faktor für das physische Überleben des Kollektivs, und der Individuelle Überbewusste Wille ist der einzige Faktor für das physische Überleben des Individuums. So funktioniert die Energie des Lebens.

Der Kollektive Überbewusste Wille drückt sich darin aus, dass das Kollektiv keine massenhafte Auslöschung seiner Mitglieder wählt oder die Zerstörung seiner Zivilisation.

Ich hasse es, dir zu widersprechen, aber auf diesem Planeten sind massenhaft Menschen gestorben, und zwar immer und immer wieder. Willst du damit sagen, das sei *vollkommen in Ordnung*, weil sie alle sterben wollten?

Ich sage nicht, dass es in Ordnung ist. Ob ihr ein Ereignis als »in Ordnung« oder »nicht in Ordnung« erlebt, ist eure individuelle Entscheidung. Ich werde euch niemals sagen, dass eure Entscheidungen »richtig« oder »falsch« sind. Ich urteile nicht.

Du fällst überhaupt keine Urteile, nicht wahr?

Nein. Ich weiß, dass es nach menschlichen Maßstäben Dinge gibt, die ihr verständlicherweise »nicht okay« findet – und im Kontext normalen und angemessenen menschlichen Verhaltens könnte man es sogar ungesund und grausam finden, sie anders zu nennen. Auf diese Weise etabliert ihr die Grundwerte eurer Zivilisation – selbst wenn ihr euch nicht alle daran haltet.

Aber ich bewerte und urteile nicht, weil ich euch damit eurer Freiheit berauben würde, eure eigene Realität selbst zu erschaffen.

Ich sage nur, dass kein Mensch das erleben kann, was eure Spezies »Tod« nennt, wenn damit gegen den Individuellen Überbewussten Willen dieses Menschen verstoßen würde. Und keine Zivilisation kann das erleben, was eure Spezies »totale Vernichtung« nennt, wenn damit gegen den Kollektiven Überbewussten Willen dieser Zivilisation verstoßen würde.

Auf diesen Punkt hast du schon mehrfach hingewiesen. Aber ist das nicht in gewisser Weise ein Freibrief für diejenigen, die Amok laufen und Morde begehen würden – einzelne oder, Gott bewahre, gar Massenmorde –, ihre verrückten Absichten in die Tat umzusetzen?

Nein, aber es tröstet diejenigen, die glauben, andere wären in einer solchen Situation hilflose Opfer. Es ermöglicht den Hinterbliebenen, heilenden Frieden zu finden, weil sie wissen, dass der geliebte Mensch, der von ihnen ging, seinen Tag des Ewigen Lebens gefeiert hat – und dass er diese Entscheidung absolut bewusst traf und sogar mit Verständnis und Mitgefühl für jene, die dabei mitwirkten, seinen physischen »Tod« herbeizuführen.

Vielleicht würde es sogar einen Menschen, der eine

solche Mordtat plant und deswegen keinerlei Schuldgefühle empfindet, von dieser Tat abhalten, weil es ihn der Befriedigung beraubt, die er sich davon erhofft, einem anderen Schaden zuzufügen. So würde ein großer Teil seiner Motivation verschwinden.

Darüber habe ich noch nie nachgedacht.

Und dann noch etwas: Wer, als Einzelner oder als Mitglied einer Gruppe, wirklich bereit ist, andere zu töten, wird dafür nicht erst die Erlaubnis irgendeiner äußeren Instanz einholen. Vielmehr wird er seine Taten auf der Grundlage von etwas rechtfertigen, das völlig anders ist als das, was hier in diesem Gespräch gesagt wird.

Ja, aber das, was sie hier lesen, könnte ihnen als Rechtfertigung dienen und ihnen helfen, ihre Tat in Ordnung zu finden.

Sie finden die Tat bereits in Ordnung, sonst hätten sie sie nicht begangen.

Mir ist bewusst, dass das, was hier gesagt wird, im Widerspruch zu den Ansichten sehr vieler Menschen steht. Ich meine, vermutlich wird die Mehrheit es ablehnen.

Solange ihr die Realität als ein Opfer-Verbrecher-Szenario erlebt, werdet ihr das, was ich hier sage, zurückweisen. Aber es gibt auf dieser Welt keine Opfer und keine Verbrecher. Und auch nirgendwo sonst im Universum. Es gibt nur fühlende Wesen, die sich in einem Prozess physischer und metaphysischer Evolution befinden und sich gegenseitig bei dieser Evolution helfen. Es ist so, wie ich schon sagte: Ich habe euch nur Engel geschickt.

Wenn du der Ansicht bist, du könntest den Evolutionsprozess einer gesamten Spezies – also von *Milliarden* Individuen – dadurch erheblich beschleunigen und verkürzen, dass du dein Selbst deinen physischen Körper aufgeben lässt, würdest du das tun?

Denke über diese Frage nicht auf der Ebene deines Verstandes nach. Denke darüber auf der Seelenebene nach.

Wenn ich auf der Ebene der Seele darüber nachdenke, wird mir klar, dass meine Existenz niemals bedroht ist und mein Leben ewig währt. Wenn ich also einfach aus der physischen in die metaphysische Existenz überwechsle – und mir obendrein bewusst bin, dass ich, wenn ich das will, jederzeit wieder auf die physische Ebene zurückkehren kann –, fällt mir die Entscheidung leicht, wenn ich weiß, dass ich damit die Evolution von Milliarden meiner Artgenossen vorantreibe.

Ich würde es als einen dieser von mir erwähnten Momente betrachten, wenn es gilt, ein Kind aus einem brennenden Haus zu retten. Ich würde die Entscheidung treffen, die möglichst vielen meiner fühlenden Mitgeschöpfe den möglichst größten Nutzen bringt.

Natürlich würdest du dich so verhalten, denn das ist deine wahre Natur.

Denn, wie ich schon sagte: Ihr alle seid Liebe.

Du würdest sogar der Person oder der Gruppe vergeben, die anscheinend für deinen Tod verantwortlich ist, weil dir klar wäre, dass sie auf der bewussten Ebene überhaupt nicht wussten, was sie taten.

Wenn du dann weitergehst in die Totale Bewusstheit im Reich des Reinen Seins (falls das vorher noch nicht geschehen ist), würdest du auch das Bedürfnis aufgeben, ihnen zu vergeben, weil Vergebung durch Verstehen ersetzt würde. Du würdest vollkommen verstehen, wie ein fühlendes Wesen dorthin gelangen kann, eine solche Tat zu begehen.

In der Vergangenheit hast du zu mir gesagt, dass im Bewusstsein des Meisters Verstehen Vergebung ersetzt.

So ist es.

Du würdest all das erleben, *weil* du aus jener Energie bestehst, die ihr Liebe nennt, personifiziert und verstärkt durch die Entscheidungen, die du aus freien Stücken triffst, die Erkenntnisse, zu denen du gelangst, und die Formen der Selbstentfaltung, die du zu der fortlaufenden, simultan erfolgenden Erschaffung der Höchsten Realität beisteuerst.

Du musst nicht warten, bis du dich im Reich des Reinen

Seins befindest. Diese Bewusstheit ist dir jederzeit zugänglich. Die ständige Erweiterung deiner
Bewusstheit ist das, worum es bei der Evolution geht.

23

In dem Buch *Wenn alles sich verändert, verändere alles* wurde das Reich des Reinen Seins schon einmal erwähnt. Beziehst du dich hier darauf?

In der Tat.

Ja, ich erinnere mich jetzt. Dort wurde gesagt, dass das Reich des Reinen Seins einer der drei Aspekte von Gottes Königreich ist. Die anderen beiden sind das Spirituelle Reich und das Materielle oder Physische Reich.

Habe ich euch nicht gesagt, dass es in meinem Haus viele Wohnungen gibt?

Das hast du. Eindeutig. Und jetzt sagst du, dass sogar die Erde Teil des Himmlischen Königreichs ist?

Nicht »sogar« die Erde. Die gesamte Physische Dimension ist Teil des Königreichs.
Wie ich schon anmerkte, können HEWs leicht und mühelos zwischen physischer Verkörperung und dem nicht-physischen Zustand in ihrer Dimension hin und her wechseln – und wenn es ihren Zwecken dient, verbringen sie durchaus Zeit

auf der physischen Ebene, also innerhalb eurer
Dimension.

Auch haben wir schon erörtert, dass ihr ebenfalls
in der Lage seid, mühelos von einer Dimension in
die andere überzuwechseln. Doch wenn ihr mehr als
nur kurze Augenblicke im metaphysischen Zustand
verbringt, nennt ihr eure Bewegungen »Leben«
oder »Lebenszeit«.

**Können Menschen auch während eines Lebens in
den metaphysischen Zustand gehen oder nur zwischen zwei Leben?**

Das könnt ihr, und ihr tut es auch. Es findet in den
Phasen statt, die ihr »Träume« nennt. Und während
der sogenannten »außerkörperlichen« Erfahrungen.
Und in jenen Situationen, die wir bereits als »Nah-
toderfahrungen« beschrieben haben. Manche von
euch tauchen auch während der Meditation in den
metaphysischen Zustand ein. Und jene, die ihr
Meister nennt, haben – heute und in früheren Zeiten – sich innerhalb eines Lebens mehrfach in den
nicht-physischen Zustand begeben und sich dann
wiederverkörpert.

Während eurer Reise durch ein einzelnes »Leben«
könnt ihr also durchaus den metaphysischen
Seinszustand erfahren. Aber für euch ist das keine
gewöhnliche, alltägliche Erfahrung.

**Deshalb verwendest du diese spezielle Wortkom-
bination – »Wesen, die primär in der physischen**

Dimension leben« –, um uns Menschen zu beschreiben.

Und auch andere Wesen, jene, die ihr als »Außerirdische« bezeichnet und die auf anderen Planeten in der physischen Dimension existieren.

Danke. Ich verstehe jetzt, was du mit dieser Beschreibung meinst. Nun möchte ich, in dieser ganzen Gedankenkette, noch eine letzte Sache ansprechen. Du hast einen anderen interessanten Ausdruck – »Überbewusster Wille« – schon mehrfach in diesem Dialog benutzt. Kannst du ihn etwas näher erklären?

Ja. In jenem Gespräch, aus dem dein Buch *Freundschaft mit Gott* wurde, habe ich detailliert dargelegt, dass alle fühlenden Wesen Bewusstsein auf vier Ebenen erleben: das Unterbewusste, das Bewusste, das Überbewusste und das Suprabewusste.
Alle Wesen senden Schöpfungsenergien auf einer dieser vier Ebenen aus.
Da ihr eine sehr junge Spezies seid, handeln viele Menschen, ohne sich voll bewusst zu sein, auf welche Weise sie das tun, was sie tun. Sie produzieren ihre Schöpfungen (und also ihre Erfahrung) von einer bestimmtem Bewusstseinsebene aus, von wo sie das Leben betrachten und Entscheidungen treffen. Aber sie sind sich oft nicht wirklich darüber im Klaren, von welcher Ebene sie operieren, und wählen diese Ebenen nicht gezielt und bewusst.

Es würde mir helfen, wenn du dies durch ein Beispiel veranschaulichst, weil ich im Moment gerade nicht mitkomme.

Na schön, hier sind ein paar klassische Beispiele:
Ich erwähnte als Beispiel bereits einen Menschen, der eine Wunde heilt. Dieser Mensch erschafft eine Erfahrung von der unbewussten Ebene ausgehend – indem er zum Beispiel Blutzellen an den Ort der kleinen Schnittverletzung schickt. Das geschieht oft, ohne dass der Betreffende bewusst darüber nachdenkt.

Ein Mensch, der eilig zum Flughafen fährt, um seinen Flug nicht zu verpassen, erschafft etwas von der bewussten Ebene aus, *weil* er darüber nachdenkt, was er tut. Er ist sich voll bewusst, was er tut und was er erschafft.

Jemand, der sein eigenes Leben riskiert, um einen anderen Menschen vor einem heranrasenden Autobus wegzuzerren, handelt von der überbewussten Ebene aus. Die Handlung erfolgt, *nachdem* er darüber nachgedacht hat – aber die Daten werden so schnell verarbeitet, dass es wirkt, als hätte er *ohne nachzudenken* gehandelt. Doch er handelt mit voller Bewusstheit darüber, was er tut und wie er die Situation der Rettung erschafft.

Ein Mensch, der sich dazu entscheidet, sich selbst und seine Spezies aufzuwecken, indem er seine wahre Identität offenbart und lebt, erschafft von der suprabewussten Ebene aus. Er agiert bewusst und mit Absicht von dieser Bewusstseinsebene und ist sich total bewusst, was er tut und auf welche Weise er etwas erschafft.

Fühlende Wesen demonstrieren dann totale Bewusstheit ihres Wahren Seins und vollständiges Wissen darüber, wie das Leben funktioniert, wenn sie gezielt und *im Voraus* einen bestimmten Bewusstseinszustand wählen, aus dem heraus sie dann Gedanken, Worte und Handlungen ausdrücken und erleben.

Fühlende Wesen demonstrieren eine niedrigere Bewusstheitsebene, wenn sie einen Gedanken, ein Wort oder eine Handlung aus einem Bewusstseinszustand heraus ausdrücken und erleben, den sie nicht bewusst gewählt haben.

Viele fühlende Wesen schwanken zwischen verschiedenen Bewusstseinsebenen hin und her, wodurch sie die Qualität und Effektivität ihrer Gedanken, Worte und Handlungen von Moment zu Moment stark verändern.

Bei Meistern handelt es sich um Wesen, die nicht zwischen verschiedenen Bewusstseinsebenen hin und her schwanken, sondern stets bewusst und in klarer Absicht den Bewusstseinszustand wählen, aus dem heraus sie denken, sprechen und handeln.

Du hättest es nicht besser ausdrücken können. Ich verstehe es vollkommen.

Ausgezeichnet.

Allerdings verstehe ich *nicht,* wie man Meisterschaft erlangt. Wie kann ich die ständigen Schwankungen meiner Bewusstheit stoppen?

Deswegen suchst du meinen Rat.

Du kannst mir zeigen, wie das geht?

Das kann ich und zeige es dir auch schon die ganze Zeit. Vielleicht hast du dem nicht genug Beachtung geschenkt. Doch jetzt erwachst du immer mehr und wirst dir bewusst, dass du immer schon wach gewesen bist. Das ist keine Kleinigkeit. Es ist, sozusagen, der Anfang vom Anfang.
Beobachte, wie sich von nun an deine Bewusstheit erweitern wird. Du wirst diese Erweiterung spüren, bereits während wir dieses Gespräch miteinander führen.

Nun begreife ich, warum die hoch entwickelten Wesen aus der anderen Dimension nicht zulassen werden, dass wir durch einen Angriff anderer physischer Wesen vernichtet werden. HEWs handeln immer im Einklang mit dem Kollektiven Überbewussten Willen jener Zivilisationen, deren Mitglieder sich primär als physische Wesen erleben.

Das ist richtig. Jetzt verstehst du.

Und deshalb werden wir auf der Erde gegen gewalttätige interstellare Spezies beschützt.

Ihr werdet vor allen Spezies beschützt, mit einer Ausnahme.

Mein Gott, vor welcher Spezies denn nicht?

Vor den Erdlingen. Vor euch selbst seid ihr noch nicht sicher.

24

Hübscher Gag.

Das war kein Gag, das war eine präzise Zustands-
beschreibung.

Aber ist es denn nicht der Kollektive Überbewusste
Wille der Menschheit, nicht vernichtet zu werden?

Richtig. Das ist der Überbewusste Wille.

Wie kann die Menschheit dann eine Bedrohung für
sich selbst sein?

Als Kollektiv kann die Menschheit niemals bedroht
werden und ist nicht in Gefahr. Sie wird immer
existieren, weil das ihr Überbewusster Kollek-
tiver Wille ist. Die Frage ist nicht, ob das »Menschheit« genannte Kollektiv existieren wird, sondern
unter welchen Lebensbedingungen. Wie soll
es um die Lebensqualität der Menschen bestellt
sein?
Ihr entscheidet das hier und heute. Viel hängt davon
ab, ob die überwiegende Mehrheit der Menschen
erwacht.
Jene unter euch, die die Dritte Einladung annehmen,

werden großen Einfluss darauf haben, welche Resultate ihr auf eurem Planeten hervorbringt.

Alles, was du gerade gesagt hast, öffnet viele neue Gesprächsfelder. Ich weiß nicht genau, wie wir von hier aus weiter vorgehen sollen – und ich möchte wirklich nicht, dass dieser Dialog als zu weit hergeholt erscheint. Ich möchte, dass er *relevant* ist.

Ganz gleich, was du mich fragst, nichts davon kann »zu weit hergeholt« oder »irrelevant« sein. Alle Themen sind letztlich ein Thema, aus unterschiedlichen Blickwinkeln betrachtet. Und dieses Thema ist ...

DAS LEBEN:
Welche Aussagen über das Leben sind wahr, und wie könnt ihr diese Wahrheit leben?

Okay, dann lass uns das weiterverfolgen. Denn das ist wichtig für mich, der ich mein menschliches Leben lebe, und für uns alle, die dieses Gespräch verfolgen und sich vielleicht dafür entscheiden, beim Erwachen der Menschheit mitzuhelfen.

Gut.

Du hast beschrieben, wie HEWs ganz nach Belieben zwischen der physischen und der metaphysischen Dimension hin und her springen. Dann hast du gesagt, wir würden das auch tun.

Das ist richtig.

Nun, nicht viele Menschen merken, dass sie das tun. Wir werden geboren – oder, wie du es ausdrückst, »verkörpern« uns –, ohne das Gefühl zu haben, wir hätten diesen Vorgang unter Kontrolle. Und wir sterben, wenn wir sterben. Auch das entzieht sich unserer Kontrolle.

Das ist *nicht* richtig.

Okay, es stimmt, dass manche Menschen aus freiem Entschluss sterben, indem sie sich das Leben nehmen, aber darüber, wo und wie sie geboren wurden, hatten sie keine Kontrolle.

Solange du dich völlig mit deinem Körper identifizierst, wirst du diese Annahmen über »Geburt« und »Tod« für zutreffend halten.

Doch du hast mir gesagt, dass ich in Wahrheit kein Körper *bin*. Du sagtest, dass ich einen Körper *habe*, dass aber mein *Ich bin, mein Wahres Selbst* kein Körper ist.

Ich freue mich, dass du dich daran erinnerst. Das ist die wichtigste Information über dein Selbst überhaupt.
Jedes Wesen in der anderen Dimension betrachtet sich selbst als Emanation der Essenziellen Essenz. Oder, um die Bezeichnung zu benutzen, die wir

bislang in diesem Dialog verwenden und die für euch verständlicher ist: als *Seele*.

Du siehst also, dass diese Fragen keineswegs »zu weit hergeholt« sind. Vielmehr geht es hier um etwas, was für das umfassendere Thema, wie Menschen ihr Leben nach dem Vorbild der HEWs umformen können, von zentraler Bedeutung ist.

Nutzt also das, was wir hier beleuchten, um die in diesem Gespräch bereits erörterten Möglichkeiten für die Zukunft der Menschheit in einen größeren Kontext zu stellen.

Perfekt. Ich erkenne die Zusammenhänge, die du meinst. Die HEWs aus der anderen Dimension wissen, dass sie das sind, was wir »Seelen« nennen. Und weil sie das wissen, erleben sie, dass sie nach Belieben physische Gestalt annehmen können und niemals sterben. Ihr Lebenssinn, ihr einziger Wunsch ist es, Göttlichkeit zum Ausdruck zu bringen und zu erleben. Alles, was sie brauchen, besitzen oder was sich in ihrer Obhut befindet, teilen sie bereitwillig mit anderen, und sie sind bereit für die, die sie lieben, alles zu tun – und es gibt niemanden, den sie nicht lieben.

Was für eine wundervolle Zusammenfassung! Du hast das alles wirklich treffend auf den Punkt gebracht. Gut gemacht!

Und ich hoffe, es wird allen helfen, die den Prozess des Erwachens anregen und fördern wollen, bei sich selbst und bei anderen Menschen.

Ja.

Je mehr ich begreife, dass ich eine Seele mit einem Körper bin und nicht ein Körper mit einer Seele, desto mehr kann ich das Leben führen, zu dem alle fühlenden Wesen eingeladen sind, ein Leben, bei dem wir einfach unsere Wahre Identität erkennen und uns für sie öffnen.

Nun ist es gut und schön, eine Liste von Unterschieden zwischen einer erwachten Spezies, die ihre Wahre Identität uneingeschränkt akzeptiert, und uns Menschen durchzusprechen. Aber ich denke, viele Menschen werden Probleme damit haben, das, was hier gesagt wird, zu akzeptieren, wenn sie keine zusätzlichen Informationen über diese HEWs erhalten: wer sie sind und wie sie uns helfen.

Du sagtest, dass sie sich manchmal außerhalb ihrer eigenen Dimension in physischer Gestalt manifestieren, um den Wesen in der physischen Welt zu helfen.

Das ist richtig.

Wenn die HEWs also physische Gestalt annehmen, außerhalb ihrer eigenen Dimension, wie schaffen sie es, unbemerkt zu bleiben?

Manchmal werden sie bemerkt – weil sie das wollen. Dann nehmen sie eine Gestalt an, die in der metaphysischen Dimension normal für sie ist, in der Umwelt, die sie besuchen, aber ganz unnormal, sodass sie, weil sie das so wollen, auf jeden Fall bemerkt werden. Das tun sie, wenn ihre Absicht darin besteht, die Wesen in der physischen Dimension wissen zu lassen, dass (a) die HEWs existieren, (b) sie in der physischen Dimension präsent sind und (c) niemandem Schaden zufügen wollen und nur gekommen sind, um zu helfen.

Wenn ein hoch entwickeltes Wesen den Eindruck hat, dass ein Erscheinen in seiner eigenen physischen Gestalt andere Wesen erschrecken und bei ihnen unnötige Abwehrreaktionen auslösen würde (obwohl es doch nur helfen, nicht Angst und Schrecken verbreiten will), wird es die äußere Gestalt der Wesen annehmen, denen es helfen möchte. Es wird sich so in die Zivilisation, die es besucht, einfügen, dass seine Anwesenheit nicht als beängstigend, störend oder alarmierend empfunden wird.

Wie erreicht es das?

Es wird sich im frühestmöglichen Stadium des Lebenszyklus der Wesen verkörpern, denen es helfen möchte, und dieselbe körperliche Entwicklung durchlaufen wie jedes Wesen in dieser Zivilisation.

Ah, ich verstehe! Auf diese Weise taucht ein HEW nicht einfach plötzlich auf, sodass es den Mitgliedern der örtlichen Zivilisation seine Anwesenheit erklären müsste.

Genau. Indem es auf dem Gastplaneten die Gestalt eines Säuglings annimmt und eine normale Geburt stattfindet, wird eine vollständige Lebensgeschichte des HEWs in der örtlichen Bevölkerung erschaffen. Durch sein Auftauchen in dieser Zivilisation entsteht also kein unnötiges Aufsehen, kein Bruch mit den örtlichen Lebensgewohnheiten.
Und es gibt noch einen zweiten, nicht weniger wichtigen Grund dafür, dass ein HEW den gleichen Lebenszyklus wie die eingeborenen Wesen dieser Zivilisation durchläuft. So ist sichergestellt, dass es die örtliche Geschichte, die Sitten und Lebensgewohnheiten gründlich und *aus eigener Erfahrung* kennenlernt.

Für die anderen Wesen in dieser Zivilisation ist das HEW dann einfach »Teil des Rudels«. Es ist kein Außenseiter, weist keine ungewöhnlichen physischen Merkmale auf. Es jagt den Einheimischen keine Angst ein.

Das ist richtig.

Okay, dann stellt sich für mich eine große Frage: Du sagst also, dass die HEWs menschliche Gestalt annehmen können?

Ja, das können sie. Hoch entwickelte Wesen verfügen über diese Fähigkeit.

Ist das bereits geschehen? Haben sie schon unter uns gelebt?

Ja. Es gibt einige Fälle, wo das vorgekommen ist.

Es stimmt also, dass – um eine populäre Phrase zu übernehmen – »die Aliens längst unter uns sind«. Aliens gibt es nicht nur, sie sind unter uns.

Nicht in dem Sinn, wie du das jetzt meinst, nein. Du solltest nicht denken, dass Tausende, Hunderte oder auch nur Dutzende fühlende Wesen aus einer anderen Dimension durch eure Städte spazieren und im Restaurant am Nebentisch sitzen oder an der Supermarktkasse mit dir in der Schlange stehen. In diesem Sinne sind keine Aliens unter euch und waren es auch nie.

Wie muss ich mir diese Besuche dann vorstellen?

Bei seltenen Anlässen in der Menschheitsgeschichte hat ein HEW menschliche Gestalt angenommen, um eine bestimmte Botschaft zu verbreiten – und diese durch ihr eigenes Leben vorbildhaft zu verdeutlichen, eine Botschaft, die im Mahlstrom der menschlichen Aktivitäten untergegangen wäre, hätte man sie euch nicht auf diese direkte Art präsentiert.
Das geschieht nach euren Zeitmaßstäben einmal in tausend Jahren oder noch seltener. Es handelt sich also um rare Ausnahmeereignisse.
Der weit üblichere Weg, eurer Zivilisation zu helfen

(oder physischen Zivilisationen auf anderen Planeten), besteht darin, euch sanft heilende und unterstützende Energie zu schicken, und zwar in Form von Trost, Einsichten und Ideen, an denen die Menschheit sich orientieren kann. Das geschieht durch einen Prozess, den man als Inspiration bezeichnet.

Kein Wesen kann in persönlich aggressiver Weise in das Bewusstsein eines anderen Wesens eindringen – damit würde es gegen ein ungeschriebenes Gesetz, einen Verhaltenskodex verstoßen, der nicht gestattet, dass ein Wesen die Privatsphäre der Gedanken eines anderen fühlenden Wesens verletzt. HEWs pflanzen einfach Ideen in den Raum des Lebens, und diese Ideen schwingen dann in Resonanz mit jenen Wesen in der physischen Dimension, die eine ähnliche energetische Signatur ausstrahlen. Diese energetische Resonanz bewirkt, dass die Ideen ihnen zufließen. Oft sagen sie dann: »Ich habe eine Idee.« Und die Idee stammt eigentlich von den HEWs, die sie in diese Dimension übermittelt haben. Das physische Wesen hat die Idee aufgefangen, weil es dazu in Resonanz gegangen ist.

Wenn die HEWs also niemals energetisch ins Bewusstsein eines Menschen eindringen, wie *genau* schaffen sie es dann, dass ihre Ideen und Anregungen unsere Aufmerksamkeit erregen, geschweige denn von uns übernommen werden?

Indem sie sie einfach in den Strom dessen werfen, was euer Carl Jung das kollektive Unbewusste nannte. Menschen, die energetisch in Resonanz zu diesen Ideen gehen, ziehen sie dann magnetisch an, weil sie auf der gleichen Frequenz schwingen.

Alles ist Energie und schwingt auf einer bestimmten Frequenz. Jedes fühlende Wesen im Universum wird von dem angezogen, was zu seiner eigenen Schwingungsenergie passt. Auf diese Weise finden fühlende Wesen das, was sie inspiriert.

Nun kommen den Menschen die meisten Ideen auf der Basis ihrer eigenen Beobachtungen und ihres Erfindungsgeistes, sodass die von den HEWs kommenden Ideen und Inspirationen nur einen kleinen Prozentsatz ausmachen. Doch sie sind Teil des Energieflusses, und es geschieht immer wieder, dass Menschen sich von ihnen angezogen fühlen. Oft handelt es sich dabei um Menschen, die bestimmten ideenorientierten Berufen nachgehen.

Das Resultat: Häufig tauchen in Büchern, Filmen, Fernsehprogrammen, Videos, Zeitschriften, Zeitungen, ausgewählten sozialen Medien und auf anderen ein großes Publikum erreichenden Wegen inspirierende Ideen auf, die tief greifende Veränderungen auslösen können und oft als revolutionär bezeichnet werden.

Das erlebe ich immer wieder. Ich weiß nicht genau, welche Ideen woher kommen, aber auf jeden Fall gibt es viele Kinofilme, Bücher, Online-Artikel und andere Botschaften, in denen wunderbare und kühne neue Szenarien für eine bessere Art des Zusammenlebens und eine aufregende Zukunft präsentiert werden.

Nun frage ich mich: Ist auch diese Erfahrung, die ich hier gerade mache, unser Dialog, Teil dieses Prozesses? Waren alle meine Gespräche mit Gott eigentlich Gespräche mit hoch entwickelten Wesen?

Nein. Die hoch entwickelten Wesen, die ich erwähnt habe, sind nicht die Quelle dieses Gesprächs. Vielmehr ist es Teil des größeren Prozesses, durch den überall im Kosmos Göttlichkeit zum Ausdruck gebracht wird.

Jedes fühlende Wesen im Universum verfügt über die Fähigkeit, unmittelbar mit dem Göttlichen zu kommunizieren. Eine Übermittlung durch hoch entwickelte Wesen oder andere Zwischeninstanzen ist hierfür nicht notwendig.

Alle Menschen führen unaufhörlich Gespräche mit mir. Sie gehen damit nur nicht an die Öffentlichkeit oder nennen es anders, meistens aus Angst, deswegen ausgelacht oder ausgegrenzt zu werden.

Hoch entwickelte Wesen sind sich ihrer ewigen Verbundenheit mit der Ursprünglichen Quelle lediglich klarer bewusst. Sie würden niemals leugnen, dass sie individualisierte Ausdrucksformen dieser Quelle sind, dass sie sich in ständiger Kommunikation mit der Essenziellen Essenz befinden, die ihr Gott nennt, und dass es ihnen Freude und Erfüllung schenkt, mit anderen zu teilen, was ihre ewige Verbindung und Einheit mit mir ihnen an Erkenntnissen und Erfahrungen beschert.

Und so geschah es dann auch, dass im Lauf der Jahrtausende immer wieder einmal ein hoch entwickeltes Wesen auf die Erde kam.

Ja, und zwar immer dann, wenn das der beste Weg war, eine für die Entwicklung eurer Spezies sehr wichtige und wertvolle Botschaft so zu übermitteln und zu veranschaulichen, dass sie allgemeine Beachtung fand.

Das bedeutet aber keineswegs, dass die Botschaft akzeptiert werden muss. Niemals würde ein hoch entwickeltes Wesen von anderen etwas verlangen oder gar versuchen, ihnen etwas aufzuzwingen. Doch in jedem Fall ist ein HEW bestrebt, die Botschaft so zu übermitteln und zu veranschaulichen, dass sie Beachtung findet und euch nicht entgeht.

25

Ich würde all das gerne noch besser verstehen. Vielleicht denkst du, mein Hunger nach Details sei unersättlich, aber damit ich Dinge akzeptieren kann, benötige ich eine möglichst klare Vorstellung von ihnen.

> Das ist völlig in Ordnung. Ich habe schon in früheren Gesprächen betont, dass du dich deswegen nicht entschuldigen musst.

Ja, das stimmt. Danke.

> Wir sollten nur darauf achten, dass dieser Dialog sich wegen der Faszination des Themas nicht zu sehr in den technischen Details bezüglich der HEWs verliert und darüber der höchst wichtige Aspekt aus dem Blick gerät, dass ihr eingeladen seid, etwas Wunderbares zu leben und miteinander zu teilen – indem ihr euer Erfahrungslevel auf der Erde so anhebt, dass es dem Niveau einer erwachten Spezies namens Menschheit entspricht.
> Wir sollten darüber sprechen, wie ihr wunderbar inspirierende Ideen in euren Alltag integrieren könnt und durch diesen Vorgang euer Verhalten verändert. Und lass uns mehr über Liebe sprechen. Wahre

Liebe. Echte Liebe. Die fundamentale Energie des Universums. Und darüber, wie ihr diese Energie in ihrer reinsten Form erleben und zum Ausdruck bringen könnt.

Danke. Ich werde das nicht aus den Augen verlieren. Ich möchte mich wieder Themen zuwenden, die für meine persönliche Lebenserfahrung von enormer Bedeutung sind. Und ich weiß, *dass* es von persönlicher Bedeutung für mich ist, die Dritte Einladung ohne Zögern angenommen zu haben. Mir ist klar, dass ich mehr davon profitieren werde als irgendjemand sonst.

Aber ich bin natürlich davon fasziniert, dass uns geholfen wird, dass wir, die wir uns dazu entschlossen haben, die Mission, die Spezies aufzuwecken, auf uns zu nehmen, nicht auf uns allein gestellt sind.

Ja, es wird euch geholfen.

Und es ist faszinierend, dass diese Hilfe von hoch entwickelten Wesen aus einer anderen Dimension kommt.

Ja.

Also muss ich einfach alles darüber wissen, das geht gar nicht anders! Ich nehme an, dass sie uns zu helfen versuchen, indem sie uns zu Aktivitäten und Entscheidungen inspirieren, die notwendig sind, wenn wir völlig erwachen wollen. Daher bin ich dankbar, dass wir diese Liste und einige ihrer Konsequenzen für die Menschheit erörtert haben.

Doch mein Bewusstsein signalisiert mir, dass ich diese Art von Informationen nur dann wirklich aufnehmen kann, wenn wir uns mit meiner sehr realen Skepsis darüber befassen, ob sogenannte hoch entwickelte Wesen uns tatsächlich besucht haben … und wenn ja, wie sie damit »durchgekommen« sind, ohne die ganze Welt in Aufruhr zu versetzen.

Wenn ich das begreife, wäre mein logischer Verstand ausreichend befriedigt, und wir können uns der Frage zuwenden, wie die menschliche Gesellschaft sich verändert, wenn die Menschheit aufwacht.

Was möchtest du also wissen?

Zuerst möchte ich mich vergewissern, dass ich das bislang Gesagte richtig verstanden habe.

Frage mich, was immer du möchtest.

Danke.

In jenen Fällen, wenn ein hoch entwickeltes Wesen sich auf der Erde physisch verkörpert – du sagtest, das komme nur selten vor, sei aber schon mehrfach geschehen –, taucht ein solches Wesen nicht plötzlich in der Gestalt eines erwachsenen Menschen auf, sondern verkörpert sich am Anfang des menschlichen Lebenszyklus. Ist das richtig?

Ja, so ist es.

Also muss ich fragen … sind die Eltern dieses Babys dann darüber informiert und einverstanden? Ich kann mir nicht vorstellen, dass ein wahrhaft hoch entwickeltes Wesen sich als Eindringling ohne das Einverständnis der Eltern verkörpern würde.

> Du hast recht. Die menschlichen Eltern empfangen auf sanfte, liebevolle Art ein inneres Wissen, dass sie Gelegenheit haben, ein Kind zu zeugen, das mit einer ganz besonderen Bestimmung geboren wird, und es steht ihnen völlig frei, darin einzuwilligen oder nicht.

Aber selbst dann fällt es mir schwer, die Idee zu akzeptieren, dass ein menschliches Elternpaar ein fremdes Wesen zur Welt bringt. Diese Vorstellung bereitet mir wirklich Probleme.

> Das hoch entwickelte Wesen wird ja als Mensch geboren und ist in keiner Weise »fremdartig«, genauso wenig wie du »fremdartig« bist, wenn du durch den Vorgang, den ihr »Tod« nennt, deinen physischen Körper verlässt, um dann für ein neues Leben aus der metaphysischen in die physische Dimension zurückzukehren – durch den Vorgang, den ihr »Geburt« nennt.
> Ein hoch entwickeltes Wesen ist vollständig erwacht, aber es durchläuft den gleichen Zyklus, nur dass es sich interdimensional vom metaphysischen in den physischen Bereich begibt. Und nur in seltenen Fällen geschieht das in menschlicher Gestalt.

Ich verstehe.

Und auch du wärest in jeder anderen Gestalt, die du im physischen Universum annehmen könntest, kein »Fremder«, kein »Alien«. In jeder Zivilisation auf der physischen Ebene würdest du als »einer von ihnen« wahrgenommen werden.

Wie bitte? Ich komme wieder einmal nicht mit.

Du könntest dich an jedem Ort im Universum in jeder gewünschten Gestalt verkörpern. Wusstest du das?

Nein, das wusste ich nicht. Sicher ist mir diese Idee schon begegnet, in Büchern oder in Geschichten, die mir erzählt wurden, aber ich wusste nicht, dass sie wahr ist.

Sie ist wahr.

Du willst also sagen, dass ich mich dafür entscheiden kann, an einem anderen Ort als der Erde zu reinkarnieren?

Ja. Diese Option hast du.

Aber warum sollte ich das tun?

Als Teil der Reise deiner Seele, als Teil ihrer Mission, alle Aspekte ihrer selbst zu erleben.

Aus dem gleichen Grund ist es möglich, dass deine Seele andere Zivilisationen verlassen hat, um sich auf der Erde zu verkörpern.

Willst du damit sagen, dass *ich* ein Alien sein könnte?

Nein. Du wärest als jemand, der auf der Erde geboren ist, ebenso wenig ein Alien wie die hoch entwickelten Wesen, die zur Erde kamen. Das ist der Punkt. Du wärest dann einfach hierhergekommen, um alle Aspekte des Lebens kennenzulernen, die eine Existenz auf der Erde dir bieten kann, während ein HEW aus einer anderen Dimension hierherkäme, um den Menschen zu helfen.

Habe ich das denn früher tatsächlich schon getan? Ich weiß, du sagst, dass eine Seele diese Fähigkeit besitzt. Aber hat meine spezielle Seele sich je an einem anderen Ort im Kosmos inkarniert?

Lass mich dir eine Frage stellen. Hast du je zum Nachthimmel hinaufgeschaut und das Gefühl gehabt, dass irgendwo dort deine Heimat ist?

Ja, das habe ich tatsächlich! Das ist eine wirklich interessante Frage, die du da stellst, und ich muss zugeben, dass ich dabei manchmal echtes Heimweh empfand, wobei meine Aufmerksamkeit von einer bestimmten Himmelsregion angezogen wurde.

Glaubst du, du hättest dieses Gefühl, wenn du noch nie dort warst?

Du meine Güte, dieses Gespräch führt mich in ganz unerwartete Richtungen!

Wenn du das Erwartete suchst, solltest du wohl besser kein Gespräch mit Gott führen.

Nein, wohl eher nicht.
Die Seelen haben also, zwischen den Lebenszeiten, die Wahl, wo sie sich im nächsten Leben physisch verkörpern wollen.

Alle Seelen können ihre Erfahrungen frei wählen.
Immer und ewig: eine grenzenlose Auswahl.
Eine *freie* Wahl. Die Wahl göttlicher Wesen, *göttlich* zu sein.

Oh, Mann ... das ist so ... ich weiß nicht ... *unglaublich* ist das Wort, das mein Verstand dafür findet. Fast bin ich versucht zu sagen: »Ich kann das unmöglich glauben.«

Warum erstaunt es dich so? Steht nicht geschrieben:
Ihr seid Götter –?

Ja, ja, aber wer glaubt dieses Zeug denn wirklich? Wer nimmt es *wörtlich?*

Welchen Sinn hat die Botschaft, wenn du sie unbeachtet links liegen lässt?

Ja, da hast du natürlich recht. Aber es steht so viel in den heiligen Schriften, und nicht alles davon ist wahr. Seien wir fair: Es hat Fehlinterpretationen der ursprünglichen ... sagen wir ... »Offenbarungen« gegeben. Wir müssen uns also selbst herauspicken, was wir für wahr halten wollen, und es ist nicht einfach, das auszuwählen, woran wir aus tiefem Herzen glauben können.

Ja, und deshalb verkörpert sich in gewissen langen Abständen immer wieder ein hoch entwickeltes Wesen aus einer anderen Dimension in menschlicher Gestalt, um die höchsten Wahrheiten zu verkünden und *vorzuleben*, sodass ihr als junge Spezies in die Lage versetzt werdet, euren Weg zu finden.
Wenn ein HEW in menschlicher Gestalt inkarniert, absorbiert und verkörpert es alle Aspekte des Menschseins, bis hin zu den kleinsten Merkmalen und Zellstrukturen. Es ist daher kein Alien, sondern durch und durch menschlich und doch mit den Wesenszügen, dem Temperament, der Bewusstheit und der Einsicht, die sein Wissen und seine Erfahrung mit sich bringen.

Und daher könnte man diese Seele einen hoch entwickelten *Menschen* nennen.

Genauso ist es. HEWs sind, wie ihr, Seelen – die

Göttlichkeit in physischer Form manifestieren.

Sie sind Seelen, die sich entschieden haben, aus der metaphysischen Dimension in eure physische Dimension zu kommen, um ihre Göttlichkeit dadurch zu erleben, dass sie anderen Seelen dabei helfen, sich an die eigene zu erinnern.

Das ist eine wunderbare Erklärung, eine perfekte Exegese.

26

Und so verbringt ein HEW seine Entwicklungsjahre genauso wie alle anderen Mitglieder unserer Spezies. Und wenn es erwachsen geworden ist, beginnt es mit seiner Arbeit, der Spezies beim Erwachen zu helfen.

Manchmal aber auch schon vorher.

Es beginnt schon als Kind, der Spezies zu helfen?

Manchmal, ja.

Aber dann muss es doch zwangsläufig auffallen.

Ja. Solche Kinder fallen dadurch auf, dass sie über erstaunliches Wissen verfügen und Bemerkenswertes sagen. Aber das einzige Ziel eines solchen HEWs besteht darin, Informationen auf eine Weise zu hinterlassen, durch die höhere Ideale zum Ausdruck kommen, die dann von einer sich noch in der Entwicklung befindlichen Kultur aufgegriffen werden können.

Wie haben hoch entwickelte Wesen das gemacht? Wie haben sie diese Informationen hinterlassen?

Wie wurde uns geholfen, wenn so ein HEW auf die Erde kam?

Das HEW sprach mit den Menschen – manchmal mit den Erwachsenen, später mit seinen Altersgenossen – und sagte Dinge, die aufhorchen ließen und den Menschen im Gedächtnis blieben, in manchen Fällen jahrhundertelang.

Auch demonstrierte es durch sein eigenes Verhalten, wie das Leben einer erwachten Spezies aussehen kann. Das war sein wichtigster Beitrag für die Kultur, in die es hineingeboren wurde, der wesentliche Weg, auf dem es seine Botschaft übermittelte. Manche HEWs hinterließen schriftliche Werke, die in vielfältiger Form neue Ideen ins kulturelle Bewusstsein einführten. Mithilfe von Romanen, Gedichten, Theaterstücken und anderen Texten verbreiteten sie Wahrheiten von großer Bedeutung.

Zum Beispiel? Ich bin wirklich gespannt, wie eine erwachte Spezies denkt. Ich hoffe auf Beispiele.

Hier sind ein paar: Eliminiert die Vorstellung, ihr könntet wegen irgendetwas beleidigt sein und euch angegriffen fühlen – geschweige denn euch rächen wollen. Wenn euch jemand verletzt, dann segnet diese Person. Hört damit auf, euch zu verteidigen, und zwar in jeder Form.

Nun, das sind, wie soll ich sagen, ziemlich »fortschrittliche« Ideen. Jeder Mensch, der so etwas vorschlägt,

würde vermutlich weit außerhalb des Mainstreams verortet und kaum ernst genommen werden.

Da wäre ich mir nicht so sicher. Solche Ideen sind bereits in eure Kultur eingeführt und *nicht* zurückgewiesen worden. Sie gelangten sogar zu hohem Ansehen.

Es war ein Mensch namens Buddha, der seinen Mönchen sagte, dass sie, selbst wenn Räuber sie überfielen, gegen seine Lehre verstoßen würden, wenn sie bösen Willen im Herzen hegten. »Mönche, selbst in einer solchen Situation sollt ihr euch selbst folgendermaßen schulen: ›Weder soll unser Bewusstsein davon beeinflusst werden, noch sollen wir deswegen ein böses Wort äußern, sondern wir bleiben erfüllt von Mitgefühl und Erbarmen. Unser Geist verweilt in der Liebe, und wir geben in uns dem Hass keinen Raum.

Ganz im Gegenteil werden wir diesen Menschen Gedanken universeller Liebe senden und sie und die gesamte Welt zum Gegenstand unserer Gedanken der universellen Liebe machen – Gedanken, die groß, erhaben und unermesslich sind. Wir werden diese Gedanken ausstrahlen, die frei von Feindseligkeit und bösem Willen sind.‹ Mönche, auf diese Weise sollt ihr euch selbst schulen.«

Und hat nicht ein Mensch namens Jesus gesagt: »Liebet eure Feinde; segnet, die euch fluchen; tut wohl denen, die euch hassen; bittet für die, die euch beleidigen und verfolgen«? Und hat er nicht auch gesagt: »Wenn dich einer auf die rechte

Wange schlägt, dann halt ihm auch die linke hin«?

Willst du damit sagen, dass Buddha und Jesus hoch entwickelte Wesen aus einer anderen Dimension waren?

Ich sage, dass es sich hierbei um Ideen handelt, die zur damaligen Zeit in der menschlichen Kultur keine große Akzeptanz besaßen und nur wenig praktiziert wurden.

So ist es auch heute noch.

Ja, auch heute noch. Jene, die sie äußerten, waren inspiriert.

Aber waren sie denn nun selbst HEWs oder nicht?

Es hat keinen Sinn, hier jede Person der Menschheitsgeschichte identifizieren zu wollen, die ihre Inspiration von einem Wesen bezog, das sich als HEW in Menschengestalt auf eurem Planeten verkörperte – oder die tatsächlich selbst ein solches Wesen war.

Ich frage danach, weil angesichts der in diesem Dialog übermittelten Informationen manche Leserinnen und Leser denken könnten, dass du andeuten willst, die großen Lehrer, Philosophen und Propheten früherer Zeiten – von Laotse bis Sokrates, von Buddha bis Jesus ... von Hildegard von Bingen bis

Juliana von Norwich … und andere Vorbilder und Lehrer, die vor oder nach den Genannten lebten – seien HEWs gewesen. Willst du das andeuten?

Siehst du nicht, wie sehr das bereits von ihrer Botschaft ablenkt? Das klingt, als müssten das Wunder und die Schönheit ihres Vorbildes, die Einsicht und Weisheit ihrer Botschaften irgendwie in einem anderen Licht betrachtet werden, weil sie möglicherweise durch HEWs inspiriert wurden oder sogar selbst solche Wesen waren.

Aber warum sollte der *Ursprung* einer Botschaft oder eines Vorbildes wichtiger sein als der *Inhalt?*

Dass HEWs euch während eures Evolutionsprozesses inspiriert und unterstützt haben, geschah nicht, damit ihr eure Vergangenheit hinterfragt, sondern um euch dazu zu inspirieren, euch eine großartige Zukunft zu erschaffen.

Wahrheit ist Wahrheit, ganz gleich aus welcher Quelle sie stammt.

Verlassen wir also die Fragen zu unserer fernen Vergangenheit. Lass mich stattdessen Folgendes fragen: Sind auch heute solche Wesen auf unserem Planeten inkarniert?

Auch die Beantwortung dieser Frage hat keinerlei praktischen Nutzen.

Wenn ich mit Ja antworte, willst du sofort wissen, wer diese Wesen sind. Würde ich antworten: »Nein, gegenwärtig nicht«, würdest du mich fragen, welche Person denn die bislang letzte Verkörperung war.

In jedem Fall würde die Enthüllung der Identität eines solchen HEWs, das heute auf der Erde inkarniert ist oder es in der Vergangenheit war, für manche Menschen bestimmte wichtige Botschaften infrage stellen, die bereits wenigstens teilweise akzeptiert waren – oder umgekehrt könnte es jedem Wort, das dieses HEW sprach oder schrieb, eine unangemessen große Bedeutung verleihen. Ihr würdet dann dazu neigen, an diese »heilige« Botschaft zu glauben statt an euch selbst.

Oh, damit triffst du ins Schwarze!

Ich weiß. Das Bestreben von HEWs, der Menschheit bei ihrer Entwicklung zu helfen, würde sinnlos, wenn das Resultat wäre, dass die Menschen anfangen, die HEWs um Hilfe zu bitten und sich von ihnen abhängig zu machen.

Es geht darum, dass die Menschen sich ihres eigenen Wahren Seins bewusst werden. Die Beschäftigung mit Wesen aus anderen Zivilisationen ist dafür kein Ersatz.

Ja, das geschah bereits in unseren Religionen. Wir müssen das nicht noch einmal wiederholen.

In der Tat.

Die Mission der HEWs besteht nicht darin, ihre eigene Großartigkeit an die Stelle der Großartigkeit der

Menschheit zu setzen, sondern die menschliche
Großartigkeit weiter zu steigern, indem sie hier und
da einige Worte oder Ideen beisteuern, über die eure
Spezies dann frei verfügen kann.

Deshalb heißt es (und ich biete hier eine sanftere
Version dieses bekannten Satzes an): »Wenn du
den Buddha die Straße hinuntergehen siehst,
lauf weg.«

Ich habe diesen Satz nie verstanden.

Wenn er wie ein Buddha aussieht, wie ein Buddha
geht, wie ein Buddha redet und sich wie ein Buddha
verhält, kann er kein Buddha sein, sondern ein
Betrüger, der sich eure Aufmerksamkeit und Bewun-
derung erschleichen will. Denn ein echter Buddha
würde nichts von euch wollen, am allerwenigsten die
Bewunderungen *seiner* Großartigkeit. Sein Wunsch
wäre ausschließlich, dass ihr Selbsterkenntnis und
Selbstverwirklichung erlangt.

Wow, ich verstehe. Und das ist eine zweite wunderbare Antwort auf meine Frage, wie wir, die wir uns
dafür entscheiden, beim Aufwecken der Menschheit
zu helfen, der Versuchung widerstehen können, uns
großspurig und überheblich zu benehmen. Selbst
wenn unser Ego diesbezüglich in Versuchung gerät,
würde eine tiefere Bewusstheit uns klar erkennen
lassen, dass wir damit den ganzen Zweck der Dritten
Einladung zunichtemachen würden.

Das würdet ihr in der Tat. Und ebenso würde die Identifizierung früherer oder heutiger Besuche von HEWs auf der Erde den ganzen Zweck dieser Besuche zunichtemachen.

Ich verstehe. Ich werde also nicht weiter darauf drängen, dass du diese Informationen preisgibst – obwohl ich wirklich sagen muss, dass du meine Neugierde geweckt hast.

Von viel größerem Nutzen für euch wird es sein, wenn ihr euch voller Neugierde der Frage widmet, wann eure gesamte Population auf der Erde sich dazu entscheiden wird, als wahrhaft erwachte Spezies zu leben. Dazu würden die HEWs euch dringend raten.

27

Ist es mir möglich, wenn auch in laienhafter Form, die Metaphysik hinter allem, was wir hier bisher erörtert haben, zu verstehen?

Ja, das ist möglich. Es stellt sich nur die Frage, ob du genügend Geduld und Interesse aufbringst.
Du kannst auf diese Weise dein Bild vom eigenen Selbst, von deinem multidimensionalen Universum und sogar von Gott erweitern. Aber es ist möglich, dass du dich für einen Moment wie in einem Doktorandenseminar fühlst.

Leg los. Ich bin ganz Ohr.

Denke einfach über Folgendes nach: Überall besteht das Leben wesentlich mehr aus Raum als aus Materie.
(Das lässt sich entweder mit einem Mikroskop oder mit einem Teleskop leicht beobachten. Es überrascht nicht, dass das Universum und ein Sandkorn sich erstaunlich ähneln, abhängig vom Vergrößerungsgrad. Makrokosmos und Mikrokosmos sind im Wesentlichen identisch.)
Wenn nun reine Energie – jene primäre Form des Lebensausdrucks, die wir die Essenzielle Essenz

nennen – koaguliert, wandelt sie sich zu dem um, was in menschlichen Begriffen »Materie« genannt wird.

Weil diese Koagulierungen mit einer ausreichenden Geschwindigkeit schwingen, befinden sich die Teilchen in ständiger Bewegung. Sie vibrieren und rotieren nicht nur auf der Stelle, sondern bewegen sich auch durch den Raum, angetrieben von ihrer Rotationsenergie – ganz ähnlich wie ein Kreisel sich, während er rotiert, über eine Tischplatte bewegt.

Diese unzähligen Teilchen können sich so schnell bewegen (in relativer Hinsicht), dass sie weder hier noch dort zu sein scheinen, sondern überall gleichzeitig, wodurch die Illusion fester Materie entsteht – also dessen, was ihr »physisch« nennt.

Die rotierenden Flügel eines Ventilators oder Speichen eines Fahrrades erzeugen genau die gleiche Illusion. Die Illusion der Festigkeit beziehungsweise einer Fläche.

Ich verstehe. Demnach können HEWs ihre physische Struktur auflösen, indem sie einfach ihre Schwingungsfrequenz reduzieren.

Richtig. Dazu müssen sie einfach die Rotation ihrer Energieteilchen dramatisch reduzieren, wodurch diese Teilchen wesentlich mehr Zeit benötigen, um in ihrem Schwingungsmuster von einem Punkt zu einem anderen zu gelangen.

Plötzlich wird für euch der Raum zwischen den

Teilchen sichtbar, so wie ihr den Raum zwischen den Speichen eines Fahrrades sehen könnt, wenn die Räder sich langsamer drehen.

(Wenn ihr übrigens das Universum oder eine seiner Galaxien aus genügender Entfernung betrachtet, werdet ihr ein großes Rad sehen.)

Wäre nun der Raum zwischen den Speichen eines Fahrradrades für euch ausreichend gigantisch (weil ihr winzig wie eine Mikrobe wärt, mit einer entsprechend myopischen Perspektive), würdet ihr für sehr lange Zeit – bis die nächste Speiche vorbeizöge – nichts als leeren Raum sehen. Während ihr auf die nächste Speiche wartet, gäbe es für euch scheinbar nichts Festes mehr. Ihr seid euch aber nicht bewusst, dass es diese Festigkeit niemals gab. Lediglich die Geschwindigkeit, mit der die Speichen sich durch euer Sichtfeld bewegten, erzeugte für euch eine *Illusion* von Festigkeit.

Wenn sich ein HEW dematerialisiert, ist die Zeit zwischen seinen Energiezyklen so lang (relativ betrachtet), dass der Raum zwischen seinen Schwingungen (ebenfalls relativ) gigantisch ist – und das, was euch als feste physische Gestalt erschien, ist nun scheinbar etwas völlig anderes. Das Wesen scheint »verschwunden«, da man es in seiner Gesamtheit nur noch aus sehr großer (für euch unermesslicher) Entfernung betrachten könnte.

Die Formel ist einfach:

Zeit + Raum = Erscheinung.

Könntet ihr das Universum aus genügend Abstand

betrachten – und das Universum aller Universen –, würdet ihr den Körper Gottes sehen.

Also stimmt, was die Physiker heute behaupten? Dass es mehr als ein Universum gibt?

Ja. Der Kosmos ist ein Multiversum, kein Universum.

Also kennen wir es, wie man so sagt, noch nicht einmal zur Hälfte.

Ihr kennt noch nicht einmal ein Hundertstel des Universums. Die hoch entwickelten Wesen aus der anderen Dimension jedoch verstehen die Metaphysik der Existenz vollkommen. Deshalb sind sie sich klar bewusst, dass sie immer existieren, egal in welchem Schwingungszustand sie sich gerade befinden.
Nur auf der »physischen« Ebene sieht es aus, als ob sie entweder sind oder nicht sind.

»Sein oder Nichtsein, das ist hier die Frage.«

Genau.
HEWs wissen, dass sie ewig existieren, als individualisierte Schwingungsformen der Essenziellen Essenz. Sie tun nichts weiter, als die Fluktuationen ihrer Energie zu regulieren. Sie ändern ihre Frequenz, sodass sie physisch entweder sichtbar oder unsichtbar sind, ganz entsprechend ihrer jeweiligen Absichten.

Wie einfach. Es ist gar nicht so, dass sie sich »verkörpern« und wieder »entkörpern«. Sie sind einfach immer da. Sie sind stets beides. Sie nehmen mehr oder weniger Raum ein – in gewisser Weise expandieren sie oder ziehen sich zusammen –, indem sie einfach ihre energetische Schwingungsfrequenz verändern.

Und du, Gott, bist so unermesslich groß infolge deiner Schwingungsenergie, dass du überhaupt nicht sichtbar bist! Das bedeutet aber nicht, dass du nicht da bist, sondern es bedeutet einfach, dass du so *ausgedehnt* bist, dass der Raum zwischen deinen Energieteilchen dich unsichtbar macht.

Brillant. Du hast es begriffen! Eine metaphysische Erklärung »Gottes«!

Du und *alles andere* sind Energieteilchen Gottes. Und der enorme Raum zwischen den gigantischen rotierenden Teilchen des Kosmos spiegelt sich wider in dem, wiederum relativ gesehen, riesigen Raum zwischen den Teilchen, aus denen du und jeder andere Mensch besteht.

Dir ist also jetzt klar – ja? –, dass dein eigener Körper, würdest du ihn mit enormer Vergrößerung betrachten, exakt so aussieht wie das, was du erblickst, wenn du empor in den Nachthimmel schaust? Du würdest sehen, dass du selbst und der Kosmos zu 99 Prozent aus Raum bestehen.

Glaubst du, diese Ähnlichkeit wäre zufällig?

Würde man bei allen Menschen, die derzeit auf der Erde leben, diesen leeren Raum entfernen, sodass nur die Energieteilchen übrig blieben, würde die gesamte Menschheit in einer Kindermurmel Platz finden.

Eine schwindelerregende Vorstellung!

Aber sehr anschaulich.
Die meisten Menschen glauben, sie wären das, was sie sehen und erleben, wenn ihre Energieteilchen sich mit Maximalgeschwindigkeit bewegen.
Ihr glaubt, ihr seid Körper, statt euch als Seele zu erleben, die sich durch eine simple metaphysische Manipulation einen Körper *erschafft*.
Wenn sich die Energieteilchen eines Menschen mit Maximalgeschwindigkeit bewegen, sagt ihr, dieser Mensch sei »lebendig«. Und wenn seine Energie sich sehr langsam bewegt, sagt ihr, dieser Mensch sei »gestorben«.
Doch es gibt keinen Tod. Ihr hört niemals auf zu sein, ihr wechselt nur die Form. Wenn ihr »sterbt«, dehnt ihr euch lediglich stärker aus.

Ich werde also niemals »nicht-physisch« sein. Ich bin *immer* ein Konglomerat aus Energieteilchen. Das wird nie enden. Das meinst du, wenn du sagst, dass es keinen Tod gibt! Ob ich »physisch« oder »metaphysisch« bin, hängt lediglich davon ab, wie *ausgedehnt* die Zeit ist, die während der Rotation meiner Teilchen verstreicht, beziehungsweise wie weit voneinander entfernt im Raum/Zeit-Kontinuum meine Teilchen jeweils sind! Es dreht sich also alles um die

Geschwindigkeit, mit der sie rotieren und daher umeinander kreisen.

Siehst du? Du hast mich gefragt, ob du das alles, in laienhafter Form, verstehen kannst. Ich antwortete mit Ja. Und es zeigt sich: Du kannst es!

Doch wenn die Seele sich loslöst, existiert mein Körper in physischer Form weiter. Er wird begraben, eingeäschert oder in anderer Form bestattet, aber er verschwindet nicht einfach.

Nein, er hört einfach auf, in seiner gegenwärtigen physischen Form zu existieren. Er zerfällt nach und nach in seine Bestandteile.

Aber mir scheint, dass er gewissermaßen in den Planeten »integriert« ist. Mein »toter« Körper zersetzt sich und wird Bestandteil der Erde, in der man ihn bestattet. Oder, wenn man ihn einäschert, wird er gleich zu dem Staub, aus dem die Erde und der Kosmos gemacht sind. Aber er verschwindet nicht spurlos.

Das ist richtig. Der Körper, den du besitzt, verschwindet nicht, sondern er reintegriert sich. Letztlich integriert er sich so vollkommen in seine physische Umgebung, dass es ironischerweise so wirkt, als würde er verschwinden. In Wirklichkeit nimmt er aber eine neue Erscheinungsform an. Er scheint nun verschmolzen mit oder eins mit der Substanz, aus der alles erschaffen wird.

Asche zu Asche, Staub zu Staub.

Genau. Und die Teilchen werden dann von der Seele eingesammelt, die den Körper bewohnte, und wieder mit Bewusstsein und Geist vereinigt, um erneut zum dreiteiligen Selbst zu werden. Das ist die Auferstehung des Leibes, über die viel geschrieben wurde.

Aber das erfolgt nicht augenblicklich wie bei den HEWs. Darum geht es mir hier. Bei uns braucht dieser Vorgang Zeit.

Wenn du es im Bezugsrahmen dieser Illusion betrachtest, ja. Doch aus anderer Perspektive, dem Blickwinkel der Seele in metaphysischer Gestalt, geschieht das alles gleichzeitig.
Die energetischen Ausdrucksformen, die ihr euren Körper und euer Bewusstsein nennt, reisen mit der Seele – alle Teile der Seele tun das – durch alle Ewigkeit. Das, was euer Bewusstsein, in seiner begrenzten Perspektive, Körper und Bewusstsein nennt, sind lediglich Aspekte der Energie der Seele, die auf Frequenzen schwingen, welche jeweils in bestimmter Weise erlebt und zum Ausdruck gebracht werden.
Ihr seid ein dreiteiliges Wesen – Körper, Bewusstsein und Seele – und niemals weniger als das, oder etwas anderes. Wenn ihr euch vom Metaphysischen ins Physische und wieder zurück bewegt, desintegriert und reintegriert ihr einfach diese Aspekte eures Seins.

Um besser zu verstehen, wie so etwas möglich ist, untersucht das, was ihr »Weißlicht« nennt. Dabei handelt es sich eigentlich um eine Kombination aus Licht verschiedener Wellenlängen des elektromagnetischen Spektrums. Wenn ihr Weißlicht durch ein Dispersionsprisma schickt, seht ihr die Spektralfarben, aus denen es sich zusammensetzt.

Stell dir nun die physische Dimension als »Prisma« der höchsten Realität vor. Wenn deine Seele durch das Prisma in die physische Dimension eintritt, wird sie in ihre drei Wesensbestandteile aufgefächert – Körper, Bewusstsein und Seele. Wenn sie das Prisma in der anderen Richtung passiert, wird die Seele wieder zu einem einzigen Element.

Dieses Element bist du.

28

Ich habe immer noch den Wunsch, darauf zu beharren, dass all diese Vorgänge, die du mir gerade so gut erklärt hast, *Zeit* und *Raum* benötigen. Doch du sagst immer wieder, dass es Zeit und Raum gar nicht gibt. Ich versuche, das unter einen Hut zu bringen.

Ich sehe, dass du wirklich *tief* in die Kosmologie des Lebens vordringen möchtest.

Entschuldige. Aber es ist, wie ich schon sagte: Ich kann *nichts* von alledem verstehen – oder akzeptieren –, solange ich nicht *alles* verstehe und akzeptiere.

Das ist okay. Das ist gut. *Bleibe skeptisch*. Du tust das im Interesse vieler deiner Brüder und Schwestern.
Hier geht es um das Erwachen der Spezies.
Zwar habe ich dir vieles davon schon einmal erklärt, doch manche Leserinnen und Leser werden zum ersten Mal davon erfahren. Andere, wie du, haben es irgendwo weit hinten in ihrem Gedächtnis abgelegt und vergessen.
Daher wollen wir noch einmal kurz darauf eingehen. Wenn du mehr Einzelheiten wünschst, kannst du die entsprechenden Passagen in unseren früheren Gesprächen nachlesen.

Okay, soweit ich es bisher verstehe, entwickeln sich Menschen und sogar hoch entwickelte Wesen in anderen Dimensionen, indem sie sich auf immer höheren Ebenen selbst erfahren. Und dieser Prozess benötigt offenbar Zeit. Also brauche ich hier eine Auffrischung meiner Erinnerung. Und das wird mir, in ganz praktischer Weise, auch helfen, mein Leben zu leben.

Ja, das wird es.

Es ist also richtig, dass selbst HEWs innerhalb dessen leben, was du als die »Illusion« der Zeit beschreibst?

Ja, das trifft zu. Der Unterschied besteht darin, dass *sie* wissen, dass es sich um eine Illusion handelt. Sie fokussieren sich, wie weiter oben beschrieben, nur zeitweilig auf diese Illusion, wenn das einer Absicht dient, die sie verfolgen.

Da komme ich jetzt nicht mehr so ganz mit.

Nehmen wir ein Beispiel, das du gut nachvollziehen kannst.
Stell dir eine DVD vor, auf der dein Lieblingsfilm gespeichert ist. Die ganze Geschichte befindet sich auf der DVD, nicht wahr?

Ja.

Aber du schaust dir nicht alles gleichzeitig an. Der Laser tastet die Daten Bit für Bit ab. So hat es den Anschein, als würden die Daten in einer zeitlichen Abfolge existieren, aber du weißt es besser. In Wirklichkeit ist alles ständig und gleichzeitig vorhanden. Wenn nun schon die Menschen, sozusagen als Säuglinge in der kosmischen Gemeinschaft fühlender Wesen, in der Lage sind, so etwas zu konstruieren, was glaubst du, was HEWs mit den Daten dieser gigantischen Disc namens Universum alles anstellen können?

Dieses anschauliche Bild hast du auch früher schon verwendet, ich hatte es nur vergessen. Danke, dass du es mir ins Gedächtnis rufst. Was für eine großartige Analogie!

So wird deutlich, wie die Illusion funktioniert. Aber die meisten Menschen wissen nicht, dass Zeit und Raum eine Illusion sind, und glauben daher, sie wären durch die »Gesetze« von Zeit und Raum eingeschränkt. Doch es ist wie überall im Leben. Wenn du die »Regeln« kennst, kannst du dich entscheiden, sie nicht zu befolgen. Oder du kannst sie nutzen, um deine Wünsche zu verwirklichen.
Das ist es, was ich im großen Maßstab betreibe. Und jedes Wesen, das wie Gott handelt, tut es ebenfalls.

Schlägst du also ernsthaft vor, dass wir die Gesetze von Zeit und Raum ignorieren sollen? Wäre das nicht so, als würde man einem Menschen, der sich

Täuschungen über eigene wunderbare Fähigkeiten hingibt, den Vorschlag machen, er könne die Gesetze der Schwerkraft ignorieren und kraft seiner besonderen Fähigkeiten fliegen, sodass er ohne Weiteres ohne Fallschirm aus einem Flugzeug springen könne?

> Ich schlage nicht vor, dass ihr Gesetze des Universums, so wie ihr sie versteht, ignorieren sollt. Ich empfehle euch nur, diese Gesetze zu nutzen.

Und wie können wir sie nutzen? Und wie soll der Durchschnittsmensch je erkennen, dass es sich um Illusionen handelt? Für uns scheinen diese Gesetze sehr real zu sein.

> So soll es auch sein. Nur so ergeben sie Sinn. Sie wurden erschaffen, um ein Kontextfeld zu erzeugen, in dem ihr euer Selbst auf der jeweils höchstmöglichen Ebene zum Ausdruck bringen und erfahren könnt – und dann auf der nächsthöheren Ebene, und der nächsten, während eures ganzen Lebens ... und während *all* eurer Leben.

Aber meine beiden Fragen sind noch unbeantwortet. Wie können wir diese Illusionen nutzen, und wie können wir überhaupt erkennen, dass es Illusionen *sind*? Ich persönlich liebe diese DVD-Analogie, aber lässt sich ihre Richtigkeit irgendwie beweisen?

Ihr nutzt die Illusionen am besten, indem ihr euch klarmacht, dass Zeit und Raum nicht sind, was sie zu sein scheinen, und dass ihr auf sie in vielfältiger Weise reagieren und damit eine Vielzahl möglicher Erfahrungen erzeugen könnt.

Ist dir zum Beispiel schon aufgefallen, dass die Zeit »wie im Flug« vergeht, wenn du etwas tust, das dir Freude macht? Während dir andererseits drei Wochen wie drei Monate vorkommen können, wenn du auf etwas Besonderes oder Wichtiges warten musst?

Ja, und ich stelle immer wieder fest, dass ich enorm produktiv bin, wenn ich etwas »in letzter Minute« fertigstellen muss.

Das ist richtig. Wenn du nur noch vier Stunden zur Verfügung hast, um ein wichtiges Projekt zu beenden, kannst du in dieser Zeit mehr schaffen als normalerweise in zwei Tagen!

Und hier ist eine praktische Nutzanwendung:

Ihr könnt in den nächsten zehn Tagen für die Bewahrung der irdischen Ressourcen, den Schutz der Umwelt und die Verbesserung der menschlichen Lebensbedingungen mehr erreichen als bisher in hundert Tagen, und in den nächsten zehn Jahren mehr als bisher während eines ganzen Jahrhunderts, wenn ihr euch bewusst dafür entscheidet.

Der erste Schritt, um dies möglich zu machen, besteht darin, die Tatsache zu akzeptieren, dass die Zeit eine Illusion ist, und euch nicht dadurch einschränken oder entmutigen zu lassen, dass ihr scheinbar

»so wenig Zeit« habt – oder träge zu werden, weil ihr denkt, ihr hättet ja »noch so viel Zeit«.

Macht euch in der Einschätzung eurer Fähigkeiten und beim Setzen von Zielen unabhängig von der Zeit. Befreit euch von diesen künstlichen Beschränkungen. Verschiebt, wie der alte Spruch heißt, das, was ihr heute besorgen könnt, nicht auf »morgen«. Und was den Beweis dafür angeht, dass die Zeit, wie ihr sie versteht, eine Illusion ist – und zwar einen physikalischen Beweis, nicht bloß eine DVD-Analogie: Ihr seid euch ja sicherlich bewusst, dass ihr, wenn ihr euch in einem Raumschiff schnell genug weit genug von der Erde entfernen würdet und dann einen Blick zurück auf die Erde werfen könntet, nicht sehen würdet, was eure Schwestern und Brüder dort in ihrem »Jetzt« erleben, sondern einen Blick in deren Vergangenheit werfen würdet, nicht wahr?

Ich könnte mich sogar selbst mit dem Raumschiff starten sehen!

Das ist richtig. Könntest du schnell genug weit genug reisen, könntest du in deine eigene Vergangenheit zurückschauen.

Das würde ja bedeuten, dass ich an zwei Orten gleichzeitig existiere!

(Soso – hast du noch nie mit deinem »zukünftigen Selbst« gesprochen?) Und nehmen wir an, du würdest tief im Weltraum, weit, weit von der Erde entfernt, einen Flug in Richtung Erde beginnen und, während du mit gewaltiger Geschwindigkeit auf den Planeten zurast, einen »Schnappschuss« vom Leben auf der Erde machen, dann würdest du im selben Moment, in dem die Menschen auf der Erde ihr »Jetzt« erleben, einen Blick *in ihre Zukunft* werfen.

Das habe ich nie richtig verstanden. Woher weiß ich, dass es wirklich so ist?

Befasse dich mit dem Werk Albert Einsteins. Frage Physiker. Sie werden dir sagen, dass eine direkte Verbindung zwischen der Bewegung durch den Raum und dem Verstreichen der Zeit besteht.

Ist das mit dem sogenannten Raum/Zeit-Kontinuum gemeint?

Genau das. Raum und Zeit sind nicht zwei verschiedene Dinge, sondern ein vereinigtes Element des Kosmos, zwei Aspekte einer einzigen Realität.
In dieser einen Realität gibt es keine Vergangenheit, Gegenwart und Zukunft. Es geht nur darum, auf welche Weise du Alles-was-ist betrachtest. Es gibt nur den einen Goldenen Moment des Jetzt, erlebt an verschiedenen »Orten« im Raum/Zeit-Kontinuum.

Du hast mir früher schon gesagt, dass alles, was je geschah, geschieht und geschehen wird – in Wirklichkeit *jetzt* geschieht. Das hast du also damit gemeint.

Genau.

Willst du damit sagen, dass die Art, wie wir Zeit erleben, davon abhängt, an welchem Ort im Raum wir uns befinden?

Ja.

Aber wie sollen wir dann jemals etwas verändern? Wenn alles bereits geschehen ist, wie sollen wir dann die Zukunft verändern, auch wenn wir das noch so gerne wollen?

Du kannst die Zukunft ändern, die du und alle, die gegenwärtig leben, *erfahren* werden. Es existiert nicht nur eine »Zukunft«, sondern *jede* mögliche Zukunft, die ihr erschaffen könntet.
Denke es dir wie ein Computer-Schachspiel. Jedes vorstellbare Resultat jedes vorstellbaren Zuges existiert bereits auf der Programm-Disc. Durch deine Züge legst du fest, wie das Spiel sich entwickelt. Aber du kannst morgen dieselbe Disc in deinen Computer einlegen und ein anderes Spiel mit anderen Zügen spielen. Und das Schachprogramm würde auf völlig andere Art reagieren – es würde eine völlig andere »Zukunft« mit einem ganz anderen Resultat hervorbringen. Im Computerschach existiert jede mögliche Zukunft bereits, und du selbst entscheidest, welches dieser möglichen Resultate du erleben wirst, basierend auf deinen Spielzügen.

Das ist eine weitere wundervolle Analogie! Selbst mein beschränkter Verstand kann jetzt die Realität auf neue Art begreifen.

> Du selbst und die, die nach dir kommen, können und werden die Zukunft »verändern« (indem ihr einfach die von euch gewünschte Zukunft *wählt,* basierend auf euren »Spielzügen«), was sich auf das Leben aller auswirken wird, die mit euch und nach euch leben – und so wird es ewig weitergehen durch alle Zeitalter. Als ich sagte, dass alles, was je geschah, geschieht und geschehen wird, in Wirklichkeit *jetzt* geschieht, meinte ich damit »alles« im umfassendsten Sinne des Wortes. Das schließt alle Möglichkeiten und jedes Resultat und jede Zukunft ein, die ihr euch vorstellen könnt – und auch manches, was ihr noch nicht zu träumen wagt.

Unsere Zukunft ist also gesichert! Wir wissen, dass sie existiert, in der einen oder anderen Form, abhängig davon, welche »Spielzüge« wir machen.

> Die Zukunft *ist* gesichert. Doch *welche* Zukunft ihr erlebt, liegt ganz bei euch.
> Wir sprechen hier nicht über »Vorherbestimmung«. Es gibt nicht die eine Zukunft, die längst für euch festgelegt ist. Basierend auf euren Entscheidungen und Handlungen erschafft und erlebt ihr eure Zukunft.

Du hast früher schon zu mir gesagt: »Hinter dem Leben steckt viel mehr, als ihr glaubt.«

Ja, und inzwischen begreifst du hoffentlich, was ich damit meine.

Wenn euch also eure Zukunft auf Erden am Herzen liegt, werdet ihr diese »Zukunft« bewusst erschaffen, indem ihr die »jetzigen« Zustände beeinflusst und verändert.

Das Leben endet nie, weil das Leben keinen »Anfang« und kein »Ende« hat. Doch in eurem gegenwärtigen Bewusstseinszustand könnt ihr immer nur ein Leben nach dem anderen erleben. Und wie dieses gegenwärtige Leben beschaffen ist, was es euch und allen anderen bringt, die mit euch gemeinsam durch das Raum/Zeit-Kontinuum reisen, hängt von euch und ihnen ab.

Ich habe darüber nachgedacht, und dabei ist mir eingefallen, dass viel von dem hier von dir Angesprochenen sich im Transkript von *Zuhause in Gott* findet. Ich habe dort nachgeschlagen und gesehen, dass du uns klar und unmissverständlich gesagt hast: »Am Universum ist nichts Mysteriöses, wenn du es erst einmal richtig betrachtest, wenn du es erst einmal in multidimensionaler Sicht siehst. Das fällt aber den meisten Menschen aufgrund ihrer beschränkten Sicht und Betrachtungsweise nicht leicht. Du hast dich, mit einem Körper ausgestattet, ins Innere von Raum und Zeit begeben, und deine Sicht, Wahrnehmung und Bewegung sind auf die Richtungen beschränkt, die dir dein Körper ermöglichen kann. Doch dein Körper ist nicht, *Wer Du Bist*, sondern etwas, was du *hast*.«

Ja, und noch mehr von dem, was hier mitgeteilt wird, habe ich dir auch früher schon übermittelt. Doch jetzt, in diesem Gespräch, bringst du all das schlüssig zusammen und verleihst damit unserem früheren Austausch neue, frische Energie.

Du und andere Menschen können diese Zusammenfassung hier zum schnellen Nachschlagen nutzen, als solide Erinnerungshilfe und machtvolles Werkzeug für alle, die sich entscheiden, aufzuwachen und zu erkennen, dass sie längst schon erwacht sind, um dann anderen demütig und bescheiden auf bestmögliche Weise beim Erwachen zu helfen.

Ich möchte noch einmal auf die technisch fortschrittlichen, aber nicht notwendigerweise hoch entwickelten Wesen zu sprechen kommen, die auf anderen
Planeten im Kosmos leben. Du sagtest, dass manche
von ihnen immer noch gewalttätig sind, obwohl sie
im Vergleich zur Menschheit technologisch einen
gewaltigen Vorsprung haben. Mir drängt sich die
Frage auf:

Warum wurde es diesen fühlenden Wesen er-
laubt, sich technologisch so weit zu entwickeln, ohne
dass sie Hilfe erhielten? Warum wurden sie nicht
von den hoch entwickelten Wesen aus einer anderen Dimension kontaktiert, als ihre Spezies noch so
jung war wie wir Erdlinge heute, sodass sie Gelegenheit erhielten, ihr unreifes gewalttätiges Verhalten
zu heilen oder zu transformieren?

Das wurden sie, mein Lieber, das wurden sie.

Und das half nicht? Das verstehe ich nicht. Wenn du
Gott bist, und wenn diese HEWs – wie soll ich sie
nennen –, diese *Abgesandten*, eine der vielen Formen des Göttlichen sind und zum Ausdruck bringen und erleben, wer sie wirklich sind, indem sie
anderen Lebensformen bei ihrer Entwicklung hel-

fen ... wie kann es sein, dass dies kein Umdenken bei diesen in anderer Hinsicht sehr fortschrittlichen Wesen bewirkte, sodass diese der Gewalt entsagten?

> Erinnerst du dich, dass jedes Wesen im Universum – und, davon ausgehend, jede Zivilisation – volle Entscheidungsfreiheit hat?
> Die Grundeigenschaft aller fühlenden Wesen ist Freiheit.
> Die Freiheit, jede von ihnen selbst gewählte Realität zu erschaffen.
> Viele der Zivilisationen, die heute viel älter sind als eure, entschieden sich, als sie so jung wie die irdische Zivilisation waren, nicht dafür, zu ihrer Wahren Identität zu erwachen.

Aber ich dachte, Gott könnte niemals versagen, niemals scheitern. Die Idee, dass Scheitern existiert, gehört zu den Zehn Illusionen der Menschen. Wie ist es dann möglich, dass es den HEWs nicht gelang, diese Wesen, die auf anderen Planeten in der physischen Dimension leben, in Erfüllung ihres eigenen freien Willens zu ihrer Göttlichkeit aufzuwecken?

> Keine ihrer Bemühungen war wirkungslos. Sie haben viele individuelle Wesen tatsächlich inspiriert. Doch die Zivilisation als Ganzes schlug einen anderen Weg ein. Doch um deine Frage nach dem »Scheitern« Gottes zu beantworten:

Alle fühlenden Wesen im Universum entscheiden sich letztlich aus freien Stücken dafür, ihre Göttlichkeit zu akzeptieren.

Ist das so?

Ja. Die Frage ist nicht, ob sie diese Wahl aus freien Stücken treffen, sondern ob sie das tun, bevor oder nachdem – oder weil – sie so großen Schaden für ihre Zivilisation und auf ihrem Planeten angerichtet haben, dass ihr Leben, wie sie es kannten, sich für immer veränderte.

In vielerlei Hinsicht besteht die ganze *Idee* darin, das »Leben, wie sie es kannten«, zu beenden – selbstverständlich, um ein neues und froheres Leben an seine Stelle zu setzen, das aus einer neuen und transformierten Art zu *sein* geboren wird.

Die Frage ist also nicht, *ob* die HEWs aus einer anderen Dimension diese anderen physischen Spezies aufwecken, sondern *wann*.

In diesem Bezugsrahmen kann man es so betrachten, ja.

Wie meinst du denn *das?*

Damit meine ich, im Bezugsrahmen eurer derzeitigen Vorstellung von Zeit kann man es so ausdrücken.

Ah, ja, damit haben wir uns ja eben noch beschäftigt. Auf einer gewissen Ebene ist es also bereits geschehen!

> Und, wie schon gesagt, ist es nicht wirklich so, dass Dinge zeitlich aufeinander folgen. Alles geschieht gleichzeitig. Es kommt euch so vor, als geschähe eure individuelle Erfahrung dieser Realität in zeitlicher Abfolge, doch die Realität ereignet sich in ihrer Gesamtheit gleichzeitig. Das Leben ist daher, so würdet ihr es vielleicht nennen, eine »scheinbare Ereigniskette«.

Nun, wenn die »Zukunft« bereits geschehen ist, dann musst du, Gott, über alles Bescheid wissen, was »geschehen« ist. Also kannst du uns jetzt einfach sagen, wie das Resultat aussieht, dann müssen wir uns nicht länger Sorgen machen, uns beunruhigen und bemühen …

> Das werde ich nicht tun.

Warum? Ist alles ein Großes Geheimnis und du darfst die Katze nicht aus dem Sack lassen?

> Nein, weil jedes *erdenkliche* Ergebnis bereits eingetreten ist und weil ihr in diesem Leben davon das erleben werdet, was ihr selbst auswählt – und ich werde nichts tun, um diese Wahl vorwegzunehmen. Ich werde euch immer die freie Wahl lassen.

Das ist wahre Göttlichkeit. Das ist die einzig wahre Art, Göttlichkeit zu erfahren. Und das ist die Erfahrung, die ich mir für euch wünsche.

Okay. Ich werde das akzeptieren und es dabei belassen. Können wir denn einstweilen im Kontext einer in zeitlicher Abfolge stattfindenden Realität sprechen – der Realität, die ich in meinem Leben erfahre?

Das können und werden wir.

Gut. Innerhalb dieses Bezugsrahmens begreife ich nun, dass HEWs sich entschieden haben, den Erdlingen beim Erwachen zum Wahren Sein zu helfen. Ich begreife auch, dass wir die Wahl haben aufzuwachen, bevor wir unsere Zivilisation und unseren Planeten so sehr schädigen, dass »das Leben, so wie wir es kennen«, zerstört wird und verschwindet.

Ich nehme an, dass wir dann, wenn wir während dieses frühen Stadiums unserer kosmischen Entwicklung nicht erwachen, in dieser Lebenslinie weitgehend so leben würden, wie es viele ältere Spezies in der physischen Dimension tun, also zwar enorme technische Fortschritte machen, aber gewalttätig bleiben oder gar immer gewalttätiger werden.

Diese letzten Worte beschreiben, wie es auf eurem Planeten gegenwärtig zugeht.

Ja. Wir *werden* immer gewalttätiger und machen zugleich große technische Fortschritte. Das ist das Traurige daran.

Während wir unsere Technologie und unsere Massenvernichtungswaffen immer weiterentwickeln, könnten wir so gewalttätig werden, dass wir uns vollständig selbst auslöschen.

Nein. Nicht vollständig. Der Überbewusste Wille eurer Spezies würde das nicht zulassen. Keine Spezies löscht sich jemals vollständig selbst aus. Es ist möglich, dass ihr einen Weg finden müsst, zu einem anderen bewohnbaren Ort im Kosmos auszuwandern, mit lediglich einer kleinen Schar von Menschen, aber die Spezies wird sich niemals vollständig selbst auslöschen.
Allerdings seid ihr dem schon einmal ziemlich nahe gekommen. Die menschliche Zivilisation war schon einmal nicht weit davon entfernt.

Sprechen wir hier von Lemuria? Und von Atlantis?

Ja.

Dann ist also klar, welche Aufgabe vor uns liegt. Wir werden als Spezies nicht völlig verschwinden, aber wir können es als unsere Zukunft wählen, eine Menge Schaden anzurichten.

Das ist richtig. Gegenwärtig wählen die meisten Menschen diese Zukunft nicht. Doch viele fühlende

Wesen tun Dinge, die nicht in Beziehung zu dem stehen, was sie sich wünschen.

Erinnerst du dich an die Analogie vom Kind mit den Streichhölzern?

Ja.

Wenn kleine Kinder mit Streichhölzern spielen und deswegen ein Haus abbrennt, haben sie das nicht bewusst gewählt. Es kann Resultat ihres Handelns sein, entspringt aber nicht einer bewussten Entscheidung. Und der einzige Grund dafür, dass das Haus abbrannte, ist, dass die Feuerwehr nicht rechtzeitig eintraf.

In eurem Fall – im Fall eurer Zivilisation – ist die Feuerwehr aber bereits eingetroffen.

Darum geht es bei der Dritten Einladung. Ihr seid die Feuerwehr. Du und andere wie du, die sich der Aufgabe widmen, beim Aufwecken der Menschheit mitzuhelfen.

Wenn das der Fall ist, möchte ich, dass wir uns jetzt mit einer persönlicheren Frage beschäftigen. Du sagtest, ich solle mich nicht so sehr auf die faszinierenden Aspekte all der Dinge konzentrieren, über die wir hier sprechen, damit ich nicht aus dem Blick verliere, was auf der persönlichen Ebene wichtig für mein Erwachen ist.

Ja.

Du erwähntest die vollständige Integration, und ich habe das starke Gefühl, dass wir jetzt darüber sprechen sollten. Und ich denke, dass andere, die sich dem Erwachen der Menschheit widmen, ebenfalls diese Frage haben – oder dieses Problem, falls es nicht unhöflich ist, es so auszudrücken.

Fahre fort. Ich höre.

30

Wie kann ich, wie können wir, all das integrieren?

Uns wurden hier einige wundervolle Einsichten übermittelt, wie wir Menschen als erwachte Spezies leben können, aber jetzt stellt sich die Frage, wie wir das Erwachen im Alltag verwirklichen?

Wenn ich tatsächlich etwas bewirken möchte, muss ich zunächst mein *eigenes* Verhalten ändern, ehe ich auch nur daran denken kann, Veränderungen auf dem Planeten herbeizuführen. Gandhi hatte recht. Ich selbst muss die Veränderung sein, die ich mir wünsche. Aber bisher bin ich mit meinem eigenen Veränderungsprozess noch nicht zufrieden. Informationen sind eine Sache, aber die Integration der neuen Erkenntnisse ins eigene Leben eine andere.

Die große Tragik in meinem Leben besteht darin, dass es mir nicht gelungen ist, all das zu integrieren, was mir in unseren Gesprächen offenbart wurde. Es ist mir nicht gelungen, es dauerhaft zu einem festen Bestandteil meines Lebens zu machen. Ich meine, zum festen Bestandteil meines täglichen *Handelns*, nicht nur meiner täglichen *Gedanken*.

Und Folgendes möchte ich *nicht* tun: Ich möchte an andere keine Botschaften weitergeben, die sich nicht wirklich im Alltag leben lassen. An Luftschlös-

sern, an praxisfremden, unerreichbaren Evolutions-
zielen bin ich nicht interessiert.

Diese Ziele sind erreichbar, das verspreche ich dir.
Ganz normale Menschen haben bereits mit Erfolg auf
die hier beschriebene Weise gelebt.

Das mag sein, und ich freue mich, davon zu erfahren,
aber was meine eigene Erfahrung angeht, muss ich
sagen, dass es mir sehr, sehr schwerfällt. Zum Beispiel höre ich dich sagen, dass ich Liebe bin, dass *wir
alle* Liebe sind, dass wir aus Liebe gemacht sind, dass
sie unser wahres Sein ist. Nun *denke* ich, dass ich ein
liebevoller Mensch bin, ich *möchte* ein liebevoller
Mensch sein, ich *versuche* es, aber viel zu oft sage, tue
oder *bin* ich etwas, das einfach nicht liebevoll ist.

Entweder liebe ich die Erde nicht, oder ich liebe
mich selbst nicht, oder, was für mich das Traurigste
ist, ich verhalte mich anderen gegenüber wenig liebevoll.

Das möchte ich überwinden. Ich möchte es hinter
mir lassen. Ich befinde mich im ersten Drittel meines
achten Lebensjahrzehnts, und ich möchte jetzt bei
mir wirklich mehr Fortschritte sehen! Wie lange, oh
Gott, wird das dauern?

Du bist zu streng mit dir. Viele, die dich kennen, würden sagen, dass du ein sehr liebevoller Mensch bist.
Und das trifft auf alle zu, die sich von unserem Gespräch angezogen fühlen oder »zufällig« auf diesen
Dialog gestoßen sind.

In Wahrheit trifft es auf alle Erdlinge zu. Ihr alle seid meine wundervollen Kinder, die sich stetig weiterentwickeln und von Tag zu Tag mehr zu ihrem wahren Göttlichen Selbst werden. Es ist so, wie ich es dir in unserem ersten Gespräch gesagt habe:

»Ihr seid das Gute und Erbarmen und Mitgefühl und Verständnis. Ihr seid Friede und Freude und Licht. Ihr seid Vergebung und Geduld, Stärke und Mut, Helfer in Zeiten der Not, Tröster in Zeiten des Leids, Heiler in Zeiten der Verletzung, Lehrer in Zeiten der Verwirrung. Ihr seid die tiefste Weisheit und höchste Wahrheit, der höchste Friede und die großartigste Liebe. Diese Dinge seid ihr.

Und es gibt Momente in eurem Leben, in denen ihr euch als diese Dinge erkannt habt. Trefft nun die Wahl, euch immer als diese Dinge zu erkennen.«

Ich versuche es. Ich versuche es wirklich. Wir alle versuchen es. Aber, wie es scheint, habe ich die Formel noch nicht gefunden. Wie es scheint, habe ich noch keinen Weg gefunden, im Alltag dauerhaft der zu sein, der ich sein will und von dem ich eigentlich weiß, dass ich es bin. Kannst du mir helfen? Ich habe das Gefühl, dass ich da in einer Sackgasse feststecke.

Beginne damit, dass du dieses Gespräch optimal zum Erkenntnisgewinn nutzt. Lies das Transkript oft. Befasse dich mit der Liste der sechzehn Verhaltensweisen einer erwachten Spezies. Richte in deinem persönlichen Leben dabei ein besonderes Augenmerk auf die Punkte 1, 2, 3, 4, 8, 12, 14, 15 und 16.

Danke. Das werde ich tun. Genau das. Aber kannst du mir dazu noch mehr sagen, hast du weitere Vorschläge oder Ideen?

Ja. Erstens: Betrachte dein gesamtes Leben als Prozess, nicht nur eine kleine Periode in diesem Ganzen. Versuche also nicht, die Integration von allem, was du von mir erfahren hast, innerhalb des nächsten Jahres oder Monats oder gar innerhalb eines Tages oder einer Woche zu bewältigen. Gib dem Prozess die Zeit, die dafür erforderlich ist.

Für einen ungeduldigen Menschen wie mich ist das nicht sehr motivierend.

Wenn deine Ungeduld dich davon abhält, deine Erfolge und Fortschritte angemessen zu würdigen und dich von ihnen für die Zukunft inspirieren zu lassen, ist das ungünstig.

Mit anderen Worten, ich soll freundlich zu mir selbst sein.

Ja. Vergleiche deinen Bewusstseinszustand von heute mit dem als junger Mensch oder noch vor ein paar Jahren.
Deine Fortschritte in dieser Zeit waren exponentiell! Du hast dich nicht in einer 1-2-3-4-Rate entwickelt, sondern in einer 2-4-8-16-32-Rate.
Und das gilt für alle, die unsere Gespräche als Leserinnen und Leser verfolgen. Und es ist der Grund,

warum sie das tun. Sie verfolgen diesen Dialog nicht »zufällig«. Sie haben diese Erfahrung bewusst gewählt. Ihr alle tretet nun ein in die Perfekte Zeit für Fortschritte.

Von nun an wird euer Weg einfacher werden. Der größte Teil des Berges, der schwerste Aufstieg, liegt hinter euch.

Danke. Danke, dass du uns das sagst. Aber kannst du mir einige praktische Hilfsmittel an die Hand geben, Methoden, die mir dabei helfen, alles zu integrieren, von dem ich weiß, dass es wahr ist? Ich suche hier nach *Kongruenz*. Ich will nicht bloß ein schönes Gespräch führen. Ich will dem Gespräch Taten folgen lassen.

Und du hast das Gefühl, dass dir das nicht gelingt.

Ab und zu gelingt es mir schon, wenn ich gerade wirklich gut drauf bin. Aber ich will jeden Tag so leben und handeln. Ich sehne mich danach, immer gemäß den Erkenntnissen zu handeln, die du uns übermittelst.

Aber erkennst du nicht, dass du es schon jetzt ständig tust? Die Mühe, die du empfindest, ist Teil des Entwicklungsprozesses. Du empfindest sie, *weil* du es ständig tust. Würdest du nicht ständig nach deinen Erkenntnissen handeln, würdest du dem, was ich hier sage, gar keine Aufmerksamkeit schenken.

Gegenwärtig durchläuft die gesamte Erde einen

evolutionären Übergang, und du bist dagegen nicht immun. Du bist Teil dieses Übergangsprozesses. Du bist Teil von dem, was diesen Übergang gestaltet. Ihr alle, die ihr euch entschieden habt, Teil davon zu sein.

Sei also geduldig mit dir und mit dem Evolutionsprozess der Menschheit. Ihr alle entwickelt euch genau in die Richtung, nach der ihr strebt. Und ihr werdet dorthin gelangen und dabei andere sanft und liebevoll mitnehmen. Sie sehen, was sich bei euch verändert, und fühlen sich dadurch inspiriert, selbst Veränderungen zu erschaffen.

Würden sie sehen, dass ihr euch *von einem Tag zum anderen* in perfekte, voll erwachte Wesen verwandelt, würden sie euch bewundern, aber nicht denken, das selbst jemals schaffen zu können. Erkennst du nicht, dass eure Probleme und Mühen dem Wohle aller dienen? Erkennst du, dass ihr ihnen damit helft? Bittet also nicht darum, dass eure Mühen enden mögen. Bittet darum, dass sie offensichtlicher werden und ihr sie für alle Menschen sichtbar und erfolgreich überwindet. Auf diese Weise weckt ihr gemeinsam eine Spezies auf, die sich fragt, ob ein solcher Prozess überhaupt möglich ist – und dann an euch sieht, dass er möglich ist.

Du hast eine wunderbare Art, dafür zu sorgen, dass sich alle besser fühlen.

Nun, wenn ich das nicht kann, wer dann?

Liebenswert. Du bist wirklich liebenswert, weißt du das?

Ja, das sagt man mir nach.

Aber könntest du uns denn trotzdem ein paar nützliche Hilfsmittel empfehlen? Ein paar praktische Methoden, mit denen wir unsere persönliche Evolution vorantreiben können?

Du weißt doch, dass es nicht den einen richtigen Weg auf den Gipfel gibt.

Ja, das weiß ich. Das hast du immer wieder betont. Aber bestimmt kannst du uns ein paar Optionen nennen, aus denen wir wählen können, was uns für uns passend erscheint.

Unter diesem Vorbehalt habe ich hier fünf Vorschläge für euch:

Sprecht mit anderen über euren Prozess.
Ich habe in diesem Gespräch schon darauf hingewiesen und es eben noch einmal wiederholt, dass es eine gute Sache ist, wenn ihr mit denen, deren Leben ihr berührt, offen und authentisch über eure persönlichen Erfahrungen auf dem Weg des Erwachens sprecht. Die Entscheidung für diesen offenen Umgang damit wird euch stärken und emanzipieren. Sie wird euren Inneren Willen freisetzen, eure Göttlichkeit zum Ausdruck zu bringen, und gleichzeitig auch

in anderen Menschen den Wunsch und die Fähigkeit freisetzen, dieses zu tun.

Erschafft einen Grund.
An manchen Tagen wird es euch so vorkommen, als wären die Herausforderungen auf dem Pfad, den ihr gewählt habt, es kaum wert, sich mit ihnen auseinanderzusetzen, es sei denn, ihr erkennt, dass es dabei um mehr geht als nur darum, über sie zu triumphieren. Ihr müsst euch fragen: »Warum?« Darauf müsst ihr selbst die Antwort finden.
Ich sage euch: Euer Weg ist nicht sinnlos, sondern erfüllt eine größere, himmlische Bestimmung. Denn jede Seele, die in ihrer *Erfahrung* erkennt und versteht, was sie in ihrer Bewusstheit immer schon verstand, dient nicht nur ihrer eigenen Agenda, sondern dem Überbewussten Willen des Kollektivs. Sie leistet mit ihrem individuellen Fortschritt einen wertvollen Beitrag zur Evolution einer Spezies, denn sie hinterlässt in ihrem Kielwasser die Leitern und Trittsteine, mit denen jene, die nachfolgen, ihre Evolution schneller meistern können.

Bringt Dankbarkeit zum Ausdruck.
Das ist das wertvollste Mittel überhaupt. Dankbarkeit kann eine bewusst gewählte Energie sein, nicht bloß eine automatische Reaktion. Wenn jemand sich aktiv entscheidet, dankbar für alles zu sein, was das Leben ihm bringt (und ich meine *alles*), wird dadurch eine energetische Signatur erzeugt, die die Energie von allem, was nun im Leben auftaucht, überflutet und

verändert. Das kann die jeweilige Situation (oft in überraschender oder gar magischer Weise) vollkommen verwandeln – und euer ganzes Leben ebenso.

Wählt einen Seinszustand.
Tut das, *bevor* ihr etwas denkt, sagt oder tut. Das Leben hat sehr wenig damit zu tun, was ihr gerade tut, und sehr viel damit zu tun, was ihr *seid,* während ihr es tut. Das Überraschende daran ist, dass ihr durch reine Absicht euren Seinszustand von einer Reaktion in eine Kreation, also eine Schöpfung, transformieren könnt. Er ist nicht länger etwas, das aus einer Erfahrung entsteht, sondern etwas, das ihr bewusst in eine Erfahrung *mitbringt.*
Und hier mein letzter Vorschlag ...

Folgt dem Streben eurer Seele.
Meistens reagiert ihr auf das, was gerade in eurem Leben passiert – sei es eine Krankheit, eine Enttäuschung, eine schöne Überraschung, was auch immer –, mit eurem logischen Verstandeszentrum. Ihr analysiert die Daten, die eurem Verstand zu dem gerade stattfindenden Geschehen vorliegen, und das ist dann die Grundlage für eure Reaktion.
Ihre könnt aber die Fähigkeit kultivieren, aus der Weisheit der Seele zu reagieren. Denn im Weisheitszentrum eurer Seele stehen euch unbegrenztes Wissen zur Verfügung, Perspektiven und Einsichten, die euer Verstand oft gar nicht in Betracht zieht.
Die Seele ist der innere Ort, in den alles, was ihr kennt, bereits integriert ist und nur darauf wartet, von

euch ausgedrückt zu werden. Nehmt euch also, wenn ihr eine »gute« oder eine »schlechte« Nachricht erhaltet, einen Moment Zeit, eurem Verstand die Anweisung zu erteilen, sich so zu verhalten, als hättet ihr ihn vorübergehend »verloren«. Achtet dann darauf, welche Reaktion euch *ohne Nachdenken* in den Sinn kommt, wodurch ihr eine spontane Demonstration der Weisheit und Bewusstheit eurer Seele erhalten werdet.

31

Ich liebe das, ich liebe das! Jetzt kommen wir auf den Punkt! Jetzt hast du mir ein paar Methoden beschrieben, um den Gipfel des Berges zu besteigen! Das ist *großartig*. Und weißt du was? Was die letzte Methode angeht, habe ich dazu bereits meine eigene Version entwickelt.

Wirklich? Du hast sie dir ganz allein ausgedacht?

Jedenfalls kam es mir so vor.

Ja, so soll es auch sein.
Erzähl mir davon.

Hmmm … willst du damit sagen …

… nein, nein, fahr bitte fort. Sag mir, was du da selbst entwickelt hast.

Ich glaube, ich hatte intuitiv begriffen, dass es eine Möglichkeit gab, in meinem Alltag das zu erleben, von dem ich bereits wusste, dass es wahr ist. Daher dachte ich mir vor ein paar Jahren etwas aus, was ich die Magische Frage nenne. Ich verwendete diese Methode, um rasch zu beurteilen, ob etwas, das ich getan hatte, gerade tat oder im Begriff war zu tun … hier haben wir das Wort wieder … *kongruent* war zu meiner tiefsten Sehnsucht.

Bevor ich mir einen Film anschaue, mich mit Menschen treffe, eine Mahlzeit zubereite, ein Gespräch mit meiner Partnerin führe oder sonst etwas unternehme, das für mich hier und jetzt wichtig ist, frage ich mich: *Und was hat das mit der Agenda meiner Seele zu tun?*

> Das ist eine ausgezeichnete Frage! Sie eignet sich ideal, um euch für eine kraftvolle innere Reise zu öffnen.

Ich erhielt fast immer sofort eine klare Antwort, weil ich weiß, dass die Agenda der Seele darin besteht, meine Göttlichkeit zum Ausdruck zu bringen und zu erleben – durch mein Denken, Tun und Sein. Sofort entsteht durch diese Frage ein Kontext, innerhalb dessen ich die bevorstehende Situation bewusst gestalten und erleben kann –, oder ich spüre, dass sie nicht zur Agenda meiner Seele passt, und tue stattdessen etwas anderes.

Ich nenne es die Magische Frage, weil sie, besser als jede andere mir bekannte Methode, wie durch Zauberei meine Aufmerksamkeit unmittelbar auf das lenkt, was im gegenwärtigen Augenblick geschieht. Das funktioniert für mich besser als jede andere Methode, die ich bislang gefunden habe.

> Oder die dir gegeben wurde.

Oder die mir gegeben wurde. Das lasse ich jetzt einfach so stehen. Das lasse ich einfach mal so stehen.

Eine wirklich gute Idee. Eine weitere gute Idee, die dir gekommen ist.

Du bist wirklich reizend. Du machst das immer wieder! Ich mag das! Ich mag das sehr an dir. Dann lass mich dich fragen, was für eine gute Idee ich zum folgenden Punkt haben könnte ...

Es geht um deinen vierten Vorschlag, dass wir einen Seinszustand wählen sollen: Wie kann ich entscheiden, was ich sein werde, bevor ich etwas *denke?* Ich kann entscheiden, wie ich sein will, bevor ich etwas *sage,* das leuchtet mir ein. Und ich kann entscheiden, wie ich sein will, bevor ich etwas *tue.* Auch das verstehe ich. Aber wie soll ich wissen, was ich denken will, *bevor* ich es denke?

Ist das nachvollziehbar?

Ja, wenn du davon ausgehst, deine Gedanken wären, zumindest überwiegend, neu und originell. Aber Tatsache ist, dass deine Gedanken weit überwiegend solche sind, die du schon viele Male gedacht hast. Das liegt daran, dass sich auch die meisten Geschehnisse in deinem Leben alltäglich wiederholen.

Sehr häufig denkst du, wenn bestimmte Arten von Ereignissen auftreten, sofort das, was du auch bei früheren Ereignissen dieser Art dachtest. Nur sehr wenige Gedanken sind neu, weil auch nur sehr wenige Erfahrungen neu für dich sind. Die meisten Erfahrungen in deinem Leben wiederholen sich.

Da du das weißt, kannst du *im Voraus* entscheiden, was du denken wirst, wenn das nächste Mal ein vorhersehbares Ereignis eintritt, das für dich von Bedeutung ist.

Meisterinnen und Meister wissen, wie sie in ihrem Denken sein werden, wenn das nächste Mal ein solches Ereignis in ihrem Leben eintritt – werden sie ruhig und voller Verständnis sein, liebevoll und offen, zuvorkommend und friedvoll?

Ich verstehe. Und ich glaube, auf einer gewissen Ebene habe ich das immer schon verstanden. Deswegen habe ich mir noch eine zweite Technik ausgedacht. Wobei – gibt es überhaupt etwas, das ich mir selber *ausdenke?*

Nein.

Na gut, dann sagen wir: Hier ist eine zweite Technik, die als *Eingebung* zu mir kam. Ich nenne sie die Vier Fundamentalen Lebensfragen:

1. Wer bin ich?
2. Wo bin ich?
3. Warum bin ich, wo ich bin?
4. Was fange ich damit an?

Wenn ich mir diese Fragen stelle und sie jedes Mal aus der momentanen Situation heraus beantworte, gelange ich fast augenblicklich ... ich hasse es, dieses Wort zu benutzen, weil es so inflationär verwendet wird und inzwischen fast abgedroschen klingt ... in meine Mitte. Ich fühle mich in meinem Selbst zentriert und weniger in die Mini-Dramen und Mikro-Dilemmas des Lebens verstrickt.

Du bist »in dieser Welt, aber nicht von dieser Welt«.

Genau.

Das sind zwei sehr gute Techniken oder Methoden. Sie sind sehr hilfreich, um dir bewusst zu machen, wie du deine Zeit nutzt – und was du bist, während du sie nutzt.

Und jetzt habe ich noch mehr Techniken zur Verfügung! Wir alle hier auf der Erde können enorme Fortschritte machen, schon wenn wir eine oder zwei dieser Ideen nutzen.

Ja, das könnt ihr wirklich. Und natürlich macht ihr auch jetzt schon große Fortschritte, aber ich verstehe, wie du das meinst.
Ich möchte dich daran erinnern, dass ihr alle bereits erwacht seid. Ihr müsst nur anfangen, euch dementsprechend zu verhalten. Diese Techniken können euch dabei helfen.

Dieser ganze Dialog ist eine große Hilfe. Die Dinge, an die wir im Gespräch mit dir erinnert werden, können außerordentlich hilfreich sein. Einige Ideen in diesem wunderbaren Dialog können uns enorm viel Kraft und Energie verleihen – Ideen wie »Ihr seid nicht euer Körper« – »Nicht das Überleben ist euer Grundinstinkt, sondern Göttlichkeit zum Ausdruck zu bringen« – »Sieh den anderen als dich selbst« – »Das Leben ist ewig, und weil ihr euer Leben nicht verlieren könnt, habt ihr nichts zu verlieren, wenn ihr in allen Situationen mitfühlend und fürsorglich seid und Trost spendet« und so weiter.

Ich nehme daher an, ich ziehe aus alledem den Schluss, dass ich, wenn ich einfach nur die Techniken und Methoden anwende, die ich in diesem Leben gelernt habe … und wenn ich mich immer mehr so verhalte, als wäre ich bereits erwacht, dass ich mich dann sogar schon frei fühlen kann, während ich in diesem Körper bin. Ziehe ich hier die richtigen Schlüsse? Du hast mir gesagt, wir würden das gemeinsam erforschen.

Ja, das tust du. Freiheit bedeutet nicht, zu bekommen, was du dir wünschst, sondern dir zu wünschen, was du bekommst.

Das habe ich schon gehört.

Du hast fast alles, was wir hier besprechen, schon einmal gehört. Es wird dir ein Gefühl der Freude und Freiheit bescheren, wenn du in deinem Leben einfach das anwendest, was du schon weißt. Und – auch hier wiederhole ich mich – der effektivste Weg, dieses Wissen anzuwenden, besteht darin, anderen dabei zu helfen, ihr eigenes Wissen anzuwenden.

Ich verstehe, wie das alles seine Kreise zieht. Ich sehe den ganzen zyklischen Prozess. Und ich fühle mich von dir wahrgenommen und unterstützt. Und ich denke, das ist alles, was wir als Inspiration brauchen, um unseren Weg weiterzugehen.

Nun ist da noch eine Sache, die ich zur Sprache bringen möchte, eine Frage. Es ist etwas, das mir, und es tut mir leid, das sagen zu müssen, nach all unseren Gesprächen Sorgen bereitet.

Und was ist das?

Was ist mit dem Himmel? Was ist mit unserer Hoffnung, zu dir *nach Hause* zu kommen?

In diesem Gespräch wurde, scheint mir, der »Tod« darauf reduziert, einfach von einem Seinszustand (dem physischen) in einen anderen (den metaphysischen) überzuwechseln. Das mag in gewisser Hinsicht durchaus nützlich oder sogar faszinierend sein – aber was ist damit, dass wir zu Gott nach Hause kommen?

32

Seit *Zuhause in Gott* veröffentlicht wurde, sehne ich mich nach deiner Umarmung, danach, dass du mich wieder bei dir willkommen heißt. Ich habe mich so darauf gefreut, nach Hause zurückzukehren, wenn ich sterbe – bei dir zu sein und wieder mit all meinen Lieben vereint zu sein. Willst du mir jetzt wirklich sagen, dass der »Tod« einfach bedeutet, dass das Leben – *endlos* – weitergeht und ich bis in alle Ewigkeit von einer Form der Existenz zu einer anderen hin und her wechsele?

Ich kann verstehen, dass dir das unattraktiv erscheint – aber bei dem, was hier über Wesen gesagt wurde, die sich nach Belieben verkörpern und entkörpern, sind wir noch nicht auf das »mittlere Kapitel« der Geschichte eingegangen.

Hm … findest du dieses mittlere Kapitel denn nicht erwähnenswert?

Doch, und ich habe nicht die Absicht, dieses Gespräch zu beenden, ohne dass wir uns damit beschäftigen. Aber ich weiß, wie ungeduldig du bist, und wir haben den Unterschied zwischen HEWs und Menschen im metaphysischen Bereich intensiv beleuchtet. Du wolltest, dass ich ausführlich darauf eingehe, vor allem auf die Fähigkeit der HEWs, sich nach Belieben zu materialisieren und entmaterialisieren, und das haben wir getan.

Nachdem dies nun alles erklärt ist, können wir uns wieder der Frage widmen, was in jenem Augenblick geschieht, den ihr »Tod« nennt.

Hättest du diese Frage nicht gestellt, wäre ich von mir aus darauf zu sprechen gekommen.

Du wartest also darauf, dass ich eine Frage stelle, ehe du mir etwas sagst, was für mich von großer Bedeutung ist? *Das* ist interessant. Was ist, wenn ich nicht die richtigen Fragen stelle?

Nun, in Wahrheit inspiriere ich dich dazu, deine Fragen zu stellen. Das habe ich von Anfang an getan. Und du hörst auf diese Inspirationen und lässt dein Handeln davon leiten. Die Wahrscheinlichkeit, dass du die Frage nicht stellen würdest, war also ziemlich gering.

Jedenfalls bin ich froh, dass du mich entsprechend inspiriert hast, denn manche Leserinnen und Leser dieses Dialogs haben möglicherweise *Zuhause in Gott* nicht gelesen. Und selbst jene, die es gelesen haben, wundern sich vielleicht – so wie ich jetzt –, wie unser wunderbares, warmherziges »Wiedersehen« mit dir, unsere Erfahrung, wieder nach Hause zu kommen, hier hineinpasst.

Und mir ist klar, dass deine wundervolle Beschreibung dessen, was nach unserem »Tod« geschieht, ein ganzes Buch füllte und dass alles hier unmöglich wiederholt werden kann. Daher überlege ich, diesem Text einen Anhang beizufügen, in dem ich alle Bücher unserer Gesprächsreihe auflistе, mit einer kurzen Beschreibung der in ihnen jeweils behandelten Themen.

> Das ist eine sehr gute Idee. Ich frage mich, wo du sie wohl herhast ...

Ich begreife! Ich begreife, wie dieser ganze Dialog sich entfaltet! Gib uns daher bitte jetzt eine kurze Zusammenfassung, wie unsere Erfahrung, nach dem »Tod« nach Hause zurückzukehren, sich in die neuen Offenbarungen einfügt, die du uns hier in diesem Gespräch mitteilst.

Du sagtest, dass Menschen ebenfalls aus freien Stücken zwischen dem physischen und dem metaphysischen Zustand wechseln, genau wie die hoch entwickelten Wesen aus einer anderen Dimension es tun – nur dass wir es »Geburt« und »Tod« nennen. Doch wir glauben, zwischen dem Eintritt in die physische Dimension und dem Austritt aus ihr läge ein »Leben«, und wir haben nicht den Eindruck, dass wir unseren physischen Körper aus eigenem Entschluss verlassen. Wir machen die Erfahrung, dass es *gegen* unseren Willen geschieht.

> Ich weiß. Deswegen war das ein zentraler Punkt jenes Gespräches, das du für *Zuhause in Gott* tran-

skribiert hast. Um zu wiederholen, was dort und auch in diesem Dialog bereits gesagt wurde: Niemand stirbt zu einer Zeit oder auf eine Art, die nicht selbst gewählt wurde. Ich weiß, das ist für euch schwer zu akzeptieren, aber es ist schlicht nicht möglich, dass die Umstände eures Todes *nicht* eurem Willen entsprechen – wenn man berücksichtigt, Wer und Was Ihr Seid.

Alle Offenbarungen in den von mir niedergeschriebenen *Gesprächen mit Gott* beruhen auf der Prämisse, dass wir, wir alle, individualisierte Ausdrucksformen des Göttlichen sind. Mit anderen Worten, Gott, der sich als Mensch manifestiert.

Und nicht nur als Mensch, wie du inzwischen weißt. Alle fühlenden Wesen im Kosmos sind Manifestationen des Einen Was Ist.

Mit anderen Worten, Gott.

Mit anderen Worten, ich. Ja.

Und dennoch hast du gesagt, dass einige dieser Wesen gewalttätig sind.

Ja, weil allen fühlenden Wesen ein freier Wille geschenkt wurde, und nicht alle nutzen ihn auf friedliche Weise.
Andererseits sind nicht alle fühlenden Wesen auf anderen Planeten im Reich des Physischen

gewalttätig. Es gibt dort draußen friedfertige Zivilisationen.

Wenn es euer größtes Bestreben ist, in eurem Leben Frieden, Sanftmut und Liebe zu finden und zu schaffen und an andere weiterzugeben, gehen diese fühlenden Wesen auf anderen Planeten mit euch in Resonanz.

Sie können meine Energie aus dieser großen Entfernung spüren?

Absolut. Die Energie, die vom Kern deines Wesens ausstrahlt, reicht sehr, sehr weit in den Kosmos hinein, unermesslich weit. Gegenwärtig entwickeln eure Wissenschaftler Instrumente, die interstellare Signale aus den Tiefen des Alls auffangen können. Angehörige fortschrittlicher Zivilisationen in der physischen Dimension sind selbst zu solchen »Empfangsstationen« geworden. Und wenn sie eine bestimmte Energiequelle identifizieren, die ihr Frieden nennt, entsteht eine Resonanz zu der Art und Weise, wie diese Wesen sich selbst erfahren. Diese Zivilisationen spiegeln das wider und senden es als vielfach verstärktes Signal zu euch zurück, um euch zu zeigen, dass ihr nicht allein seid und Unterstützung und Hilfe erhaltet.

Manche Menschen, die mir sehr nahestehen, sind sich sehr sicher, dass solche Zivilisationen existieren, und nennen sie »Sternenfamilie«.

Das ist eine treffende Beschreibung. Und die Mitglieder dieser Familie sind sehr glücklich darüber, dass auch hoch entwickelte Wesen aus einer anderen Dimension euch in oft sehr direkter Weise Unterstützung anbieten, da HEWs die künstlichen Schranken von Zeit und Raum überwunden haben, die zwischen eurem Planeten und anderen physischen Planeten stehen.

Wenden wir uns aber jetzt wieder dem eigentlichen Thema zu. Wenn ihr in der physischen Dimension euren Körper zurücklasst, findet eine einfache Reidentifikation statt. Ich habe euch ja bereits gesagt, dass der Tod lediglich ein Reidentifizierungsprozess ist.

Mit anderen Worten, unser Leben auf der Erde ist lediglich ein Fall von »Identitäts-Verwechslung«.

Genau. Und nach dem Ereignis, das ihr »Tod« nennt, erwacht ihr zu eurem Wahren Sein und kehrt an den Ort zurück, den du »Zuhause« genannt hast – wobei ihr euch zunächst mit all euren Lieben wiedervereinigt und dann mit *Allem Was Ist*.

Und ich meine diese Wiedervereinigung *wörtlich*. Ihr verschmelzt mit mir und erfahrt – es ist nicht bloß ein Wissen oder ein Empfinden, sondern eine *Erfahrung* – euer singuläres Einssein.

In dem Dialog, den du im Buch *Zuhause in Gott* veröffentlicht hast, beschrieb ich genau, wie das geschieht.

Ja, und es ist sehr hilfreich, hier daran erinnert zu werden.

Gut. Dann wirst du dich erinnern, dass nach dem Moment des Verschmelzens mit mir, nachdem ihr unser Einssein vollständig erfahren habt, diese Verschmelzung wieder aufgelöst wird. Ihr werdet in einem sehr realen Sinn »wiedergeboren« als eure individuelle Seele.

Warum sollte ich dich verlassen? Warum sollte ich mich wieder aus dieser perfekten Vereinigung mit Gott lösen, nach der ich mich so lange gesehnt habe? Erkläre mir das bitte noch einmal.

Deine Seele sehnt sich danach, deine *Göttlichkeit* zum Ausdruck zu bringen. Wenn du das volle Bewusstsein dieser Göttlichkeit wiedererlangt hast, dich erinnert hast – also dein Selbst als Bestandteil des Körpers Gottes erfahren hast –, wirst du von einer natürlichen Sehnsucht ergriffen, dem Ausdruck zu verleihen.
Das ist Gottes fundamentaler Wunsch: sich zu zeigen, *mich zu zeigen*. Mir nicht nur meiner selbst bewusst zu sein, sondern mich auszudrücken und zu entfalten.
Das verwirkliche ich, indem ich mich individualisiere, sodass ich jeden einzelnen Teil von mir zeigen und ausdrücken kann.
Der *Teil Von Mir Der Du Bist* kann dann selbst entscheiden, ob er in das physische Leben zurückkehren

will, das er gerade verlassen hat (das wäre dann das, was ihr als »Nahtoderfahrung« bezeichnet), oder ob er in die Spirituelle Dimension eintritt, um zu einem anderen Zeitpunkt in die Physische Dimension zurückzukehren.

Das alles geschieht, wenn ihr es aus dem illusionären zeitlichen Blickwinkel betrachtet, in Sekundenschnelle. In der Höchsten Realität ereignet sich alles gleichzeitig.

Und diese anderen Lebensformen, über die wir gesprochen haben, entscheiden sich, in diese »Andere Dimension« zu gehen?

Ja. Sie ist die dritte Ebene im Himmlischen Reich – das Reich des Reinen Seins, wie ihr es bezeichnet habt.

Haben wir Menschen denn nicht die Wahl, im Reich des Reinen Seins zu existieren, nachdem wir uns wieder aus dem Einssein mit dir gelöst haben?

Doch, diese Möglichkeit steht euch offen. Ihr könnt euer ewiges Leben im Spirituellen Reich, im Physischen Reich oder im Reich des Reinen Seins verbringen.

Warum sollte ich mich dann *nicht* dafür entscheiden, künftig in dieser anderen Dimension zu existieren? Warum sollte ich mich nicht für das Reich des Reinen Seins entscheiden? Du hast dieses Reich als so wunderbar beschrieben – warum, um alles in der Welt, sollte ich mich entscheiden, *hierher* zurückzukehren?

> Weil du erleben möchtest, jenen Teil deiner Seelenreise zu vollenden, der nur in *eurer* Dimension unternommen werden kann, im Reich des Physischen.
> Aus diesem Grund wirst du es als Segen empfinden, dort zu sein, wo du jetzt auch bist.
> Und es ist natürlich ein Segen! Und es wird noch viel mehr zum Segen, wenn du dich entscheidest, mit deinem Hiersein zum Segen für andere zu werden.
> Während der nun folgenden Periode auf der Erde werden einige von euch sich entscheiden, genau das bewusst zu tun. Das gehört alles zum Erwachen der Menschheit dazu. Es ist Teil der Dritten Einladung.

33

Deine kurze Zusammenfassung unseres früheren Gesprächs über die Jenseitserfahrung lässt mich mehr und mehr erkennen, dass ein Element, ein wirklich wesentliches Element unseres Erwachens darin besteht, zu begreifen, dass das Leben nicht endet – *niemals* endet. Denn wenn wir das begreifen, und entsprechend leben, ändert sich alles.

Zuhause in Gott ist ein bemerkenswerter Text, der unsere ganze Sicht des Lebens verändern kann und jedem Menschen Trost spendet, der mit dem eigenen Tod oder dem Tod nahestehender Angehöriger konfrontiert ist. Daher hoffe ich, dass alle ihn lesen werden.

Zwar wurde diese Wahrheit, dass das Leben ewig ist, wieder und wieder geäußert, aber ich bin mir nicht sicher, ob ihre wahre Bedeutung ausreichend betont wurde. Denn sie ist weit mehr als eine beiläufige und interessante metaphysische Tatsache. Sie ist für das Verständnis unserer Existenz von fundamentaler Bedeutung.

Ja. Alles, was ihr um euch herum wahrnehmt, ist nichts weiter als Energie, die sich auf unterschiedliche Arten ausdrückt. Energie kann weder erschaffen noch zerstört werden. Sie war immer, ist jetzt und wird immer sein.

Was ihr »Leben« und »Tod« nennt, ist die Essenzielle Essenz, die sich als Du oder ein anderer Mensch manifestiert und lediglich ihre Form ändert.

Und die Bewegung des Lebens – was ihr Aktivität und Entwicklung nennt – ist lediglich ein Prozess des Energieaustausches. Der Unterschied zwischen der physischen Dimension, in der ihr lebt, und der Anderen Dimension, dem Reich des Reinen Seins, besteht darin, dass in eurer Dimension der Austausch von Energie manchmal gewaltsam erfolgt, während das in der Anderen Dimension nie geschieht. *Nie.*

Und das bringt uns wieder zu der »Anderen Dimension« und den »hoch entwickelten Wesen«, die du immer wieder erwähnst und die uns angeblich gegenwärtig helfen.

Nicht angeblich. Sie helfen euch tatsächlich.

Okay. Nehmen wir also an, dass diese Wesen tatsächlich existieren …

… das ist keine Annahme, sondern eine Tatsache.

Gut, die HEWs *existieren*. Aber woher kommen sie? Was ist diese »Andere Dimension«, von der du immer wieder redest?

Es gibt eine vollkommen andere Gemeinschaft von Lebewesen, die auf vollkommen andere Art in etwas existieren, das ihr als ein vollkommen anderes Universum ansehen würdet.

Damit wir uns nicht missverstehen: Sprichst du hier von einer alternativen Realität – oder dem, was als »Parallel-Universum« bezeichnet wird?

Manche in eurer Welt verwenden diese Worte, um es zu beschreiben, ja.

Ist dieses Parallel-Universum ein »Spiegelbild« von unserem, in umgekehrter Form?

Nein. »Parallel« bedeutet nicht »identisch«. Es bedeutet »nebeneinander«. Das, was du hier jetzt Parallel-Universum nennst, existiert Seite an Seite mit dem euch vertrauten Universum, aber es ist in keiner Weise mit ihm identisch oder auch nur annähernd gleich. Deshalb wird es hier als Andere Dimension bezeichnet.

Eine metaphysische Dimension.

Eine Dimension, in der sich, wie wir bereits dargelegt haben, Wesen als metaphysisch oder physisch ausdrücken und entfalten, je nachdem …

… ich weiß, ich weiß … was gerade ihrer Absicht am besten dient, die, wie du uns sagtest, darin besteht, »fühlenden Wesen auf der physischen Ebene dabei zu helfen, ihr wahres Sein uneingeschränkt zu verstehen, zu entfalten und zu erleben«.

Dann verrate mir: Warum sollten HEWs sich ausgerechnet dafür entscheiden, auf die *Erde* zu kommen, wo eine Spezies lebt, die so jung und offenbar so lernunfähig oder so wenig lernwillig ist, dass sie, selbst nach *Jahrtausenden,* immer noch nicht bereit ist, die einfache Formel für ein wunderbares Leben anzuwenden, die uns von dir angeboten wird?

Warum gehen sie nicht woanders hin und helfen einer anderen Spezies beim Erwachen? Warum gehen sie nicht auf einen Planeten, dessen Bewohner fortschrittlicher und nur noch ein paar Schritte von den für das völlige Erwachen notwendigen Einsichten entfernt sind?

Manche tun das. Euer Planet ist nicht der einzige, der von HEWs besucht wird.

Na gut. Wenigstens müssen sie dann nicht bei einer der jüngsten Spezies im Kosmos einen Misserfolg nach dem anderen ertragen.

So etwas wie »Misserfolge« gibt es in der Erfahrung der hoch entwickelten Wesen nicht. Die einfache Bereitschaft, alles Erforderliche zu tun, und die dementsprechenden Taten und Aktivitäten bescheren den HEWs die Erfolgserlebnisse und die Erfüllung, die sie sich wünschen.

Das ist die beste und höchste Form des Selbstausdrucks, nach der ein Wesen auf dieser Bewusstseinsebene strebt. Um die Erfahrung dieses Selbstausdrucks anzuerkennen, zu rechtfertigen und zu feiern,

ist es nicht notwendig, dass er zu einem vorher fest-
gelegten Resultat führt.

Was für eine Sichtweise! Was für eine gesunde, *gesunde* Sichtweise!

Hast du noch nie etwas aus reiner Freude getan?
Muss denn ein bestimmtes Resultat eintreten, damit
du »Spaß« an dem hast, was du gerne tust?

Nein, nein, natürlich nicht. Aber etwas so Wichtiges,
wie beim Erwachen einer Spezies mitzuhelfen, gehört eigentlich nicht zu dem, was ich als einfachen,
angenehmen Zeitvertreib ansehen würde. Ich
meine, da wäre mir das Ergebnis schon wichtig!
Und übrigens ist das eine Sache, die nicht nur die
HEWs betrifft, sondern mich ganz persönlich angeht.
Immerhin hast du uns gegenüber eine Dritte Einladung ausgesprochen. Ich nehme diese Einladung an,
weil die Sache mir sehr wichtig ist und ich erfolgreich sein will, wenigstens ein bisschen.

Wenn du daraus ein Unterfangen machst, das sich am
Erreichen eines bestimmten Resultates orientiert,
machst du es dir sehr schwer.
Dann wirst du dich selbst bei jedem Schritt beobachten, den du tust, jedes deiner Worte abwägen und
dich sorgen, wie du das alles bloß schaffen kannst,
was du erleben willst. Nervös wirst du einen Plan B
vorbereiten für den Fall, dass deine anfängliche Her-
angehensweise nicht zum gewünschten Resultat

führt. Du wirst dich in dieses Projekt zur Selbst-Trans-
formation stürzen, ohne dir der metaphysischen Auswirkungen dieser alles andere als frohen Energien
bewusst zu sein, die du in den Kosmos aussendest.

Du meine Güte, so habe ich darüber noch nie nachgedacht.

Ich weiß. Das ist der Punkt. Wir sprechen das hier an,
um dir dabei zu helfen, dein Denken zu verändern.
Ich lade dich dazu ein, umzudefinieren, was du
im Hinblick auf dein vollständiges Erwachen als
»Erfolg« betrachtest.

Ich bin gespannt, sehr gespannt.

Der Erfolg im Hinblick auf das vollständige Erwachen
besteht in der Einsicht, dass du bereits wach bist,
es aber nicht weißt oder nicht akzeptiert hast.

Und so schließt sich der Kreis zu dem, was du zu Beginn dieses Gesprächs sagtest.

Das geschieht, weil es sich hier um eine der wichtigs-
ten Botschaften überhaupt handelt, in gewisser
Weise um Anfang und Schlusspunkt all unserer
Gespräche.
Beim Erwachen geht es nicht darum, dass ihr euch
ändert, sondern dass ihr ändert, wie ihr über euch
selbst *denkt*.
Es geht um die Erkenntnis, dass ihr – wie ich früher

schon sagte – bereits heil und vollkommen seid, und zwar genau so, wie ihr jetzt im Moment seid.

Bei eurer persönlichen Transformation geht es darum, dem, was ihr gegenwärtig seid, etwas *hinzuzufügen*, nicht darum, etwas davon *wegzunehmen*.

In allen Bereichen eures Lebens findet ihr Erfolg nicht in dem, von dem ihr glaubt, es auf eurer Reise hervorbringen oder schaffen zu müssen, sondern in der Liebe, der Freude, dem Glücklichsein, die ihr auf eurem Weg erfahrt, und dem Erleben eures Wahren Selbst – und darin, dass andere durch euch diese Dinge ebenfalls in sich entdecken und erfahren. Das allein kann die Resultate schaffen, von denen ihr glaubt, es würde von euch »erwartet«, dass ihr sie hervorbringt.

Du sagst also, es kommt auf die Reise an, nicht auf das Ziel. Das ist ja nun wirklich nichts Neues.

Dieser ganze Dialog hier dient lediglich als Erinnerungshilfe für euch.

Alles, was hier gesagt wird, habt ihr schon gehört, schon gewusst, sogar schon erlebt. Der Zweck all unserer Gespräche ist, und war immer, das Gleiche: euch in Menschen zu verwandeln, die wissen, dass sie wissen – und nichts weiter tun müssen, als diese Tatsache zu akzeptieren.

Deshalb hat sich alles, was ihr von mir gehört habt, alles, was ihr in den Mitschriften unserer Gespräche gelesen habt, so oft wie etwas angefühlt, was ihr bereits wusstet.

Das schließt die Informationen über die HEWs mit ein. Ihr wisst schon seit eurer Kindheit, dass solche Wesen sich in eurer Nähe aufhalten. Nichts davon ist neu für euch.

Da hast du recht. Das kann ich voll und ganz akzeptieren. Und ich weiß, dass sie nicht hier sind, um uns zu schaden. Wenn sie uns Schaden zufügen wollten, hätten sie das seit Jahrtausenden tausendfach tun können.

Das ist richtig.

Wie du sagst, sind die HEWs also nicht zielorientiert. »Erfolg« heißt für sie nicht, ein bestimmtes Resultat anzustreben und zu erreichen.

Richtig. HEWs sind »ausdrucksorientiert«. Sie streben ausschließlich danach, ihr Wahres Sein zum Ausdruck zu bringen und zu erfahren. Und ein Weg, das zu tun, besteht für sie darin, alle fühlenden Wesen mit Liebe, Rat, Hilfe und Freundschaft auf ihrem evolutionären Weg zu begleiten, wenn diese das wünschen.
Auch ihr selbst macht das auf der Erde so.

Wir?

Denke einmal darüber nach. Alles, was ihr auf der Erde tut, ist, euch gegenseitig zu helfen, als Mittel, um euch selbst zu erleben und zu entfalten. Ihr helft einander beim Lösen von Problemen, dabei, ein besseres Leben zu erschaffen und gesund zu werden. Ihr helft einander, euch besser zu fühlen, euer Wissen zu erweitern, euch zu freuen, zu lachen und eine schöne Zeit zu erleben. Ihr helft euch in so ziemlich jeder Hinsicht.

Ihr bezeichnet eure weltlichen Aktivitäten als »Arbeit«, als »Beruf«, aber es geht immer darum, euch gegenseitig zu helfen.

Das Resultat dieser Aktivitäten – bei HEWs und bei Menschen – ist immer das gleiche: Austausch von Energie. Eine Form von Energie verwandelt sich in eine andere.

Und wenn wir wollen, dass sich die Lebensqualität unserer Spezies verbessert, müssen wir das Bewusstsein unserer Spezies dafür wecken, *auf welche Weise* dieser Energieaustausch stattfindet.

Genau. Und *warum* er stattfindet. Wenn ihr begreift, warum ein Energieaustausch stattfindet, begreift ihr auch, wie ihr ihn herbeiführen könnt, ohne dabei *jemals* Gewalt anwenden zu müssen.

So werdet ihr zu einer transformierten Gesellschaft und beginnt, den Himmel auf Erden zu erschaffen.

Und warum findet Energieaustausch statt? Was ist seine Ursache?

Liebe. Energie baut sich bis zu einem Punkt auf, bei dem das Gefühl, das ihr in eurer Sprache »Liebe«

nennt, Energieteilchen magnetisiert, was eine Vermischung und einen Austausch bewirkt.

Ich sagte bereits, dass wir nur eine Entscheidung davon entfernt sind, das Abenteuer Menschheit zu einer der erfolgreichsten und freudigsten Ausdrucksformen des Lebens im ganzen Kosmos zu machen.

Ich sagte, dass wir die Entscheidung treffen müssen, offen, aufrichtig und uneingeschränkt die Realität unseres Wahren Seins zu erkunden – und sie dann frei, freudig und vorbehaltlos zu akzeptieren.

Jetzt erkenne ich, dass wir die ersten Schritte zur Umsetzung dieser Entscheidung mit einer einfachen Formel verwirklichen können: *Beendet die Gewalt und erinnert euch daran zu lieben.*

Ja, und der Schlüssel zu dieser Formel, der schnellste und wirkungsvollste Weg, sie zum Funktionieren zu bringen, besteht darin, dass ihr euch – endlich – aus dem Gefängnis eurer trennenden Gedanken befreit. Ihr seid von nichts und niemandem getrennt. Nicht voneinander, nicht von anderen Lebensformen, nicht von Gott. Es läuft alles auf Folgendes hinaus: Beendet die Gewalt und erinnert euch daran zu lieben, indem ihr alle Gedanken der Trennung aufgebt.

Das ist es, worum es wirklich geht, nicht wahr?

Ja, darum geht es wirklich.

34

Unsere gemeinsame Zeit hier nähert sich dem Ende. Ich spüre, dass dieses Gespräch zum Abschluss kommt. Aber, um noch einmal auf die Liebe zu sprechen zu kommen ... weiter vorne in diesem Dialog sagtest du, dass ich Liebe bin, dass wir alle Liebe sind. Jeder Mensch. Nun sagst du, dass wir nichts weiter tun müssen, als uns an die Liebe zu erinnern. Doch wenn alle Menschen Liebe *sind* ... was gibt es da zu erinnern?

Wie man liebt. Ihr seid dazu eingeladen, euch daran zu erinnern, wie man liebt, indem ihr euch erinnert, dass Liebe eure Wahre Identität ist.

Aber wenn wir Liebe sind, wie ist es dann möglich, dass manche Menschen sich sehr lieblos verhalten? Das haben wir bereits angesprochen, als ich beschrieb, wie lieblos ich selbst mich manchmal verhalte, ganz zu schweigen von Menschen, die einander wirklich abscheuliche Dinge antun – Dinge, die ich selbst in meinem schlimmsten Augenblicken niemals tun könnte.

Niemand tut je etwas, das er selbst als lieblos betrachtet. Alles, was sie tun, tun sie, *weil* sie lieben.

Was?

Denke immer daran: Jeder Akt ist ein Akt der Liebe.
Das gilt ohne Ausnahme.

Der Mörder? Der Vergewaltiger? Der Dieb? Der religiöse Fanatiker? Der Rassist? Der politische Tyrann?
Der Betrüger? Der emotionale Heuchler oder Scharlatan?

Sei bereit, in die Tiefe zu schauen. Zu erwachen
bedeutet, tief in die Wirklichkeit hineinzusehen.
Hinter jeder Entscheidung und Tat eines fühlenden
Wesens steht Liebe als Motiv.
Wenn du verstehen willst, warum ein einzelner
Mensch oder eine Gruppe von Menschen auf eine
bestimmte Weise handelt, stell die Frage: Was liebst
du *so sehr,* dass du glaubtest, dafür diese Tat begehen zu müssen?
Das Problem besteht nicht darin, dass Menschen
nicht lieben, sondern dass sie nicht wissen, *wie* man
liebt.
Damit sollen ihre Taten in keiner Weise gerechtfertigt
werden, aber es erklärt sie.
Wenn eine Spezies reifer wird, erinnert sie sich, wie
man reine Liebe zum Ausdruck bringt.

Was ist hier mit »rein« gemeint?

»Rein« bedeutet: ohne dass das Selbst eine Absicht
verfolgt oder eine Gegenleistung erwartet.

Reine Liebe ist ein selbstloser Akt, begründet im Wissen des Selbst, dass es nichts braucht, fordert oder ersehnt, um vollkommen glücklich zu sein.

Das ist der Natürliche Zustand der Göttlichkeit – der ja ebenso erklärt, warum Gott von niemandem etwas braucht, fordert oder erwartet ... und am allerwenigsten Unterwerfung, Erniedrigung, Gehorsam und ängstliche Anbetung.

Man weiß also, dass man auf reine Weise liebt, wenn man dabei nichts für sich herausschlagen will. Oder wenn diese Liebe uns nicht nur keinen Vorteil bringt, sondern wir dafür sogar deutliche Nachteile in Kauf nehmen müssen.

Das wäre unmöglich. Liebende profitieren immer, wenn sie reine Liebe zum Ausdruck bringen, weil diese Liebe ihnen ermöglicht, ihr Wahres Sein in seiner höchsten Form zu erfahren.

Der höchste Zweck des Lebens ist es, dass die Göttlichkeit sich selbst durch den höchsten Ausdruck der Liebe erfährt – und das ist die höchste, letztgültige Definition Gottes.

Das ist wunderschön! Das ist wirklich wunderbar ausgedrückt. Aber ist es uns Menschen überhaupt möglich, das zum Ausdruck zu bringen und zu erfahren? Ich glaube, wir kommen damit wieder zu meiner Frage bezüglich der Integration zurück. Ist es für mich möglich, jemals diese Art Liebe zu empfinden?

Es ist nicht nur möglich, sondern jeder Mensch hat es bereits erlebt. Es gibt auf eurem Planeten nicht ein einziges menschliches Wesen, das dieses Gefühl noch nie erlebt hätte.

Vielleicht fühlten sie es, als sie ein Baby im Arm hielten. Vielleicht fühlten sie diese Art Liebe für einen Ort oder einen materiellen Gegenstand – selbst für etwas scheinbar so Unwichtiges wie ein Lieblingskissen oder ein Stofftier. Vielleicht fühlten sie diese Art Liebe für einen Baum oder eine andere Pflanze, beim Anblick eines Sonnenaufgangs oder des Nachthimmels.

Hast du noch nie Liebe für den nächtlichen Sternen-himmel empfunden?

Ich würde das Ehrfurcht nennen. Ehrfurcht und Wert-schätzung.

Was die höchste Form der Liebe ist, weil sie nichts als Gegenleistung erwartet, bekommt oder fordert. Jeder hat diese Art Liebe schon empfunden. Das ist die Liebe, die ich für euch empfinde, für jede und jeden von euch.

Wenn ihr etwas einfach seiner Schönheit wegen liebt, wegen des Wunders, das sich in ihm offenbart, wegen der Freude und des Glücks, das ihr empfindet, weil diese Energie in euch leuchtet und von euch ausstrahlt, dann empfindet ihr reine Liebe.

Wenn ihr erwartet, als Lohn dafür, dass ihr diese Energie aussendet, etwas zurückzuerhalten, dann liebt ihr nicht einen anderen Gegenstand oder ein

anderes Wesen, sondern euch selbst, und diesen
Gegenstand oder dieses Wesen benutzt ihr lediglich
als Mittel für eure Selbstliebe.

**Autsch! Was ist falsch daran, sich selbst zu lieben?
Beginnt nicht jede Liebe mit der Selbstliebe?**

Ja. Aber Selbstliebe ist keine Liebe, die von etwas
außerhalb des Selbst empfangen wird. Selbstliebe ist
Liebe des Selbst für das Selbst – das reine Staunen
und die reine Freude des Selbst darüber, wer und
was es in Wahrheit ist.
So liebt Gott sein göttliches Selbst. So liebe ich
MICH! Und ich lade euch dazu ein, EUCH ebenso
zu lieben.

**Ich wünschte, das könnte ich. Das wünsche ich mir
wirklich. Ich meine, mich selbst wirklich und uneingeschränkt so zu lieben, jederzeit. Aber angesichts all
meiner Fehler, meiner Schwächen und Misserfolge
fällt mir das schwer.**

Was mich, wieder einmal, veranlasst, dir zu versichern,
was ich dir schon oft gesagt habe: Du bist vollkommen.
Du bist so, wie du bist, *vollkommen*.
So, wie du nichts als Schönheit und Vollkommenheit
in einem einen Tag alten Neugeborenen, einem eine
Woche alten Säugling, einem einen Monat alten
Baby und einem einjährigen Kind siehst, sehe ich
nichts als Vollkommenheit in dir.

Und ich würde sie übrigens auch sehen, wenn du *hundert* Jahre alt wärest ... nein, tausend Jahre alt. Denn auch das wäre im Leben des Universums weniger als ein einziger Herzschlag.

Hier im Reich des Physischen, auf diesem großartigen Planeten, den ihr Erde nennt, bringt ihr euer Wahres Selbst zum Ausdruck und erfahrt euch als dieses Selbst, indem ihr wachst, gedeiht und euch entfaltet.

Wenn ihr nach Hause zurückkehrt, werden wir einander in Vollkommener Vereinigung wiedertreffen, und wie ich es euch für all eure Leben versprochen habe, werdet ihr auf eurer Reise niemals – nicht einen einzigen Augenblick – von mir getrennt sein.

Ich liebe euch jetzt, und ich habe euch immer geliebt, mit einer Reinheit, die nichts als Gegenleistung erwartet, braucht oder fordert – denn Ihr und Ich sind Ewig Vereint, und das zu erfahren ist alles, wonach Unser Selbst verlangt.

Ich fühle mich unendlich tief berührt. Ich bin berührt, und ich bin erneuert. Jetzt möchte ich nur eines: all das in meinem Leben anwenden.

35

Ich möchte es *Wirklichkeit werden lassen*. Ich möchte, dass es in meiner *Erfahrung* wahr wird.

Dieser Dialog enthält wundervolle Erkenntnisse, er erinnerte mich zur rechten Zeit an wichtige Dinge und versorgte mich mit potenziell sehr wirkungsvollen Techniken und Methoden. Und die sechzehn Merkmale der Unterscheidung zwischen hoch entwickelten Wesen aus einer anderen Dimension und uns Menschen werden von nun an Wegweiser für meine Reise sein. Aber jetzt brauche ich Gewissheit, dass diese Idee des Erwachens unserer Spezies nicht bloß ein schönes Luftschloss ist, für den Durchschnittsmenschen unerreichbar.

Ich will nicht einfach zur »Tagesordnung« übergehen, wenn dieser Dialog endet.

Sieh mal, ich habe jetzt nur meine eigene Erfahrung, um weitermachen zu können, und deshalb verlässt mich in Zeiten wie diesen manchmal der Mut. Die *Möglichkeiten* inspirieren mich, aber dann entmutigen mich die *Wahrscheinlichkeiten*. Hörst du das?

Natürlich höre ich es. Doch wenn du nur deine Erfahrung hast, um deinen Weg fortzusetzen, solltest du absolut *ermutigt* sein, nicht entmutigt.

Das verstehe ich nicht. Ich bin nur ein einfacher Mensch, kein Buddha, kein Christus, kein Laotse, keine Mutter Gottes, kein Konfuzius und keine Katharina von Genua. Und auch, um es etwas gegenwartsnäher auszudrücken, weder ein Paramahansa Yogananda noch eine Mutter Meera.

Ich weiß, dass wir im Grunde, an unserem Fundament, alle gleich sind – dass ich »aus dem gleichen Holz geschnitzt bin« wie all diese wunderbaren Menschen. Aber in meinem Leben bringe ich keine Qualitäten zum Ausdruck, die das beweisen würden.

Doch, das tust du sehr wohl. Aber damit werden wir uns gleich befassen. Siehst du denn nicht, wie perfekt es ist, dass du nicht die Erfahrung machst, diese Qualitäten zu leben. Siehst du es? Du siehst es, nicht wahr?

Manchmal habe ich sogar mit dieser schönen und anscheinend spirituell akkuraten Idee meine Probleme. Manchmal denke ich, dass es eine perfekte Entschuldigung für meine Vergangenheit und meine gegenwärtigen Fehler und Schwächen ist, mir einzureden, es wäre »perfekt«, dass ich so langsame Fortschritte dabei mache, mir selbst und anderen vorzuspielen, ich wäre erwacht.

Zuerst einmal gibt es nichts zu vergeben – so wenig wie man es einer Zehnjährigen »vergeben« muss, dass sie beim Rechnen Fehler macht, oder einem Vierjährigen, dass er bei seiner Geburtstagsparty die Milch umwirft. Du hast nicht das Bedürfnis, ihnen zu »vergeben«, weil du genau weißt, wie solche Dinge passieren können. Im Geist des Meisters ersetzt Verstehen die Vergebung.

Ich weiß, ich weiß. Diesen Punkt hast du schon öfter betont, und ich sehe die wunderbare, großzügige Logik darin und weiß sie zu schätzen. Doch mir erscheint diese Idee der »Vollkommenheit« weiterhin wie eine bequeme Ausrede, um sich vor Verantwortung zu drücken. Diese Idee, dass »alles gut ist«, gibt mir das Gefühl, nicht mehr daran arbeiten zu müssen, ein besserer Mensch zu werden.

Nun, das »musst« du ja auch nicht. Es gibt da keinerlei Zwang. Niemand verteilt Fleißsternchen. Niemand verurteilt oder bestraft. Es gibt also keine Notwendigkeit. Es geht nur darum, was du dir wünschst.

Nun, ich kann aufrichtig sagen, dass ich Wünsche habe. Ich wünsche mir aufrichtig, das zu tun, wozu du uns alle stets einlädst: Immer wieder die nächstgrößere, nächstschönere Version der großartigsten Vision, die wir davon, *Wer Wir Sind*, je hatten, zu verkünden, sie mit Leben zu erfüllen, sie zu werden und zu erfahren. Allerdings fällt es mir ein bisschen schwer, »Vollkommenheit« darin zu sehen, dass ich jetzt schon über siebzig Lebensjahre damit verbracht habe, wenigstens halbwegs zu *verstehen*, warum ich hier bin – ganz zu schweigen davon, es zu leben.

Sieh deinen Fortschritt doch einmal so: Hättest du schon vor Jahren das Niveau der Selbstverwirklichung eines Laotse erreicht, hättest du dann jemals die Fragen gestellt, die nun schon dreitausend Seiten in neun Büchern füllen?

Vermutlich nicht.

Vermutlich?

Definitiv nicht.

Und so bist du vielleicht einer der fleißigsten Fragensteller deiner Generation geworden. Und glaubst du, dass die Fragen, die du stelltest, und die Antworten, die du empfingst, dir von Nutzen waren?

Ja. Eindeutig.

Und waren sie auch für andere von Nutzen?

Vielleicht. Es gibt Leute, die sagen, dass das bei ihnen der Fall ist, und wenn ich ihnen glaube, lautet die Antwort Ja. Ich will mich damit aber nicht brüsten. Ich habe dabei ein demütiges Gefühl, und ich möchte, dass das so bleibt.

Du wirst immer die Gefühle haben, die du selbst wählst, basierend auf deiner Entscheidung, *Wer Du Bist, Warum Du Hier Bist,* und wie du das zum Ausdruck bringen und veranschaulichen möchtest.

Kannst du also für dich wählen, Vollkommenheit zu empfinden, auch wenn du nicht das Niveau der Veranschaulichung der Mutter Gottes oder Laotses oder anderer Menschen, die als Meister gelten, erreicht hast?

Ja, okay. Aber jetzt will ich mehr. Man könnte das vielleicht so beschreiben, dass die Intensität meines Wunsches zugenommen hat. Ich möchte wissen, wie es für mich und andere Menschen wäre, wenn wir uns unseres Erwachtseins bewusst werden, und wie wir uns dann verhalten würden.

Diese Frage habe ich in unseren früheren Gesprächen bereits beantwortet.

Würdest du sie uns hier erneut beantworten, damit wir sie nicht nachschlagen müssen?

Ja. Wenn ihr euch entscheidet, euch wie Erwachte zu verhalten, würdet ihr mehrere Dinge tun.

Zusätzlich zu den sechzehn Schritten auf der Liste der Merkmale, die uns von den HEWs unterscheiden.

Ja, zusätzlich zu diesen Schritten.
Erstens würdet ihr euch nicht auf negative Gedanken fokussieren. Wenn sich doch einmal ein negativer Gedanke einschleicht, würdet ihr ihn sofort aus eurem Bewusstsein entfernen. Ihr würdet dann

bewusst an etwas anderes denken. Ihr würdet einfach eure *Denkrichtung* ändern.

Ihr würdet euch außerdem lieben, so, wie ihr seid. Und ihr würdet auch alle anderen lieben, so, wie sie sind. Dann würdet ihr das Leben lieben, so, wie es ist, ohne das Bedürfnis, etwas zu verändern. Ihr würdet alles als etwas betrachten, das ihr durchlebt, um mehr darüber zu erfahren. Ihr würdet ein Kontextfeld erzeugen, das euch Gelegenheit gibt, zum Ausdruck zu bringen und sichtbar werden zu lassen, Wer Ihr Seid.

Ihr würdet nie wieder irgendjemandem irgend-etwas vergeben, weil ihr wüsstet, dass für Erwachte Vergebung weder notwendig noch natürlich ist. Ihr würdet mit großer Klarheit sehen, dass die Idee der Vergebung voraussetzt, dass man die Idee einer Verletzung aufrechterhält. Doch als Erwachte wüsstet ihr, dass in der Erfahrung der Göttlichkeit niemals eine Verletzung geschehen kann – und Göttlichkeit ist, *Was Ihr Seid*. Ihr würdet daher im Umgang mit anderen Menschen Vergebung durch Verstehen ersetzen, was natürlicherweise zu Mitgefühl führt, da ihr dann vollständig erkennt, wie viel Schmerz, Wut oder Traurigkeit jene, die durch ihr Verhalten Leid erzeugten, empfunden haben müssen, um ent-gegen ihrer wahren Natur ein solches Verhalten zu zeigen.

Auch würdet ihr als Erwachte nicht den Tod eines anderen Menschen beklagen, auch nicht für einen kurzen Moment.

Ihr mögt um euren Verlust trauern, nicht aber um den

Tod anderer. Stattdessen werdet ihr die Momente der Liebe und Freude feiern, die ihr mit ihnen geteilt habt, und die Tatsache, dass jene, die von euch gegangen sind, auch weiterhin frei und wunderbar ihren Evolutionsprozess entfalten und erfahren werden. Ebenso wenig würdet ihr euren eigenen Tod fürchten oder beklagen, aus genau dem gleichen Grund.

Schließlich wäret ihr euch bewusst, dass alles Energie in Schwingung ist. Alles. Und daher würdet ihr der Schwingung von allem, was ihr esst, am Körper tragt, euch anschaut, lest und euch anhört, viel mehr Aufmerksamkeit schenken. Und, was noch wichtiger ist: Ihr würdet viel mehr auf die Schwingung dessen achten, was ihr denkt, sagt und tut. Und wenn ihr merkt, dass die Schwingung eurer eigenen Energie und der Lebensenergie, die ihr um euch herum erzeugt, sich nicht in Resonanz zu eurem höchsten Wissen um eure wahre Natur befindet, würdet ihr diese Schwingung sofort anpassen, um optimal das hervorzubringen, was ihr erleben und für die Welt sichtbar machen wollt.

Das klingt nach einer ziemlich großen Aufgabe. Verstehst du das? Das ist der Moment, in dem mich der Mut verlässt. Meiner Erfahrung nach ist es sehr schwierig, diese Ziele zu erreichen. Es sind Verhaltensweisen der Meister, die für die meisten Menschen schwer umsetzbar sind.

Aber deine eigene Erfahrung beweist doch das Gegenteil!

Meine Erfahrung? Ich verstehe nicht, worauf du hinauswillst.

Du hast doch alle diese Dinge bereits erlebt.
Du hattest bereits Augenblicke, in denen du dich
von einem negativen Gedanken abgewandt
und deinem Denken eine neue Richtung gegeben
hast.
Du hattest bereits Augenblicke, in denen du dich
selbst und andere und das Leben uneingeschränkt
liebtest und nicht das Bedürfnis hattest, etwas zu
verändern – selbst wenn dir nicht alles an deiner
Situation gefiel.
Du hattest bereits Augenblicke, in denen du nach
dem Tod eines anderen Menschen vom Trauern zum
Feiern übergingst, und ebenso hattest du Augenblicke, in denen du keine Furcht vor deinem
eigenen Tod empfandest.
Und schließlich hast du schon sehr oft die Schwingung von etwas gespürt, das du ausstrahltest,
essen, anziehen oder tun wolltest, und auf diese
Schwingung reagiert, indem du die Frequenz
deiner eigenen Energie ändertest und eine neue
Entscheidung darüber trafst, was du erleben
wolltest.
Ihr *alle* habt das *alles* schon getan. Nichts davon
liegt außerhalb eurer Fähigkeiten. Kein einziger
Aspekt davon geht über euren Horizont. Nichts, was

ich hier beschrieben habe, kann von einem fühlenden Wesen nicht erlernt und gemeistert werden. Ihr müsst euch lediglich entscheiden, öfter in diesem Zustand zu sein.

Oh, du meine Güte! Ich hätte nicht gedacht, dass es so einfach sein kann.

Es kann so einfach sein.

Und du glaubst, ich kann es schaffen? Können wir alle es schaffen? Ich weiß, ich bettele hier regelrecht um eine Antwort, aber …

… natürlich könnt ihr es schaffen! Es geht einfach darum, dass ihr euch ein Verhalten anschaut, das euch nicht dienlich ist, und es durch eine andere, von euch selbst ausgewählte Reaktion auf die Einladungen des Lebens ersetzt. Hast du denn noch nie etwas aufgegeben, was ihr eine »schlechte Angewohnheit« nennt?

Doch, das habe ich. Die meisten von uns können in dieser Hinsicht gewisse Erfolge verbuchen.

Na, siehst du. Und wie hast du diese Gewohnheit verändert?

Ich wollte es. Ich entschied einfach, dass ich diese Veränderung wollte.

Und wie bist du zu dieser Entscheidung gelangt?

Zurückblickend denke ich, dass ich einfach den Wunsch verspürte. Ich hatte nicht mehr den Wunsch, diese Verhaltensweise beizubehalten. Für mich persönlich war es ein besonders großer Schritt, mit dem Rauchen aufzuhören. Ich habe über zwanzig Jahre geraucht, zuletzt eineinhalb Schachteln täglich. Dann beschloss ich eines Tages aufzuhören. Von einem Tag zum anderen rührte ich keine Zigarette mehr an. Das ist über dreißig Jahre her. Und das ist nicht die einzige Angewohnheit, bei der ich das Gefühl hatte, dass sie mir nicht guttat, und die ich deshalb aufgab.

Du hast also deine Fähigkeit unter Beweis gestellt, ein jahrzehntelang praktiziertes Verhalten abrupt zu ändern.

Ja.

Dann ist der Schritt von einem Menschen, der wach ist und es nicht weiß, zu einem Menschen, der wach ist und weiß, dass er wach ist, für dich nur eine Entscheidung entfernt – so wie du es in diesem Gespräch selbst bereits sagtest.
Und diesen Schritt zu gehen ist wirklich einfach.
Denn anders als beim Aufgeben einer schlechten Angewohnheit ist hier noch nicht einmal das Umsteigen auf ein völlig neues Verhalten notwendig.

> Es geht einfach darum, weiterhin etwas zu tun, das
> du in deinem Leben bereits getan hast, *nur dass
> du es ab jetzt öfter tust.*

Weißt du, so habe ich das noch nie betrachtet. Ich habe mir noch nie klargemacht, dass ich alle diese Verhaltensweisen ja schon kenne und praktiziert habe. Ich habe sie mir als Fähigkeiten vorgestellt, die ich mir erst noch *aneignen* muss, nicht als etwas, was ich einfach nur öfter als bisher zu *wiederholen* brauche.

Ich sehe jetzt etwas, das ich noch nie sah. Ich sehe jetzt, dass ich viel einfacher dorthin gelangen kann, wo ich gerne hin möchte, *weil ich schon einige Male dort war*. Ich kenne den Weg bereits. Das finde ich aufregend. Wow, das ist wirklich inspirierend und ermutigend!

> Das ist ein großartiges Erwachen. Jetzt bist du zu der
> Tatsache erwacht, dass du bereits wach bist.

Dann gibt es hier nicht mehr viel zu sagen, richtig?

> Ja, das ist richtig.

Das war es also?

> Ja, das war es.

Gott, ich danke dir. Ich danke dir, mein lieber, lieber Freund. Ich werde mich immer an diese Erfahrung erinnern und dafür bis ans Ende meiner Tage dankbar sein.

Das niemals kommen wird.

Das niemals kommen wird. Amen, und Amen.

Epilog

Meine lieben Gefährten auf dieser Reise …

Das ist nicht leicht, oder?

Ich meine diese Reise durch das Leben.

Für die meisten von uns ist sie nicht leicht. Es gibt dabei viel zu viel Traurigkeit und Tragödien. Glück auch, ja. Und Momente großer Freude. Doch der Kummer, das immer wieder gebrochene Herz, zehrt an uns – das lässt sich nicht leugnen. Sogar der Optimist spürt diese Last an manchen Morgen und an manchen Abenden, wenn bedrückende Ereignisse und die Erinnerungen daran ihn in den Schlaf begleiten.

Fünfzig Jahre lang habe ich mir gesagt: »Es muss ein Sinn hinter alldem geben. Eine höhere Bestimmung. Das alles muss Teil eines größeren Prozesses sein, an dem wir alle mitwirken. Das Leben *muss* mehr sein als eine Kette von zufälligen Ereignissen, denen wir alle ausgeliefert sind, bis uns eines Tages das letzte Stündlein schlägt, zu einer Zeit oder auf eine Weise, die wir am wenigsten erwarten.«

Die Gespräche mit Gott, die kurz nach meinem neunundvierzigsten Geburtstag begannen (also vor inzwischen vierundzwanzig Jahren), haben mich überzeugt, dass dem so ist. Und dieser neueste Dialog – völlig unerwartet und voller Überraschungen – hat das alles für mich noch einmal bestätigt.

Aber hören Sie mir zum Abschied bitte noch einmal gut zu: Es könnte immer noch sein, dass ich mich irre.

Glauben Sie nicht, dass ich mir darüber keine Gedanken mache. Ich denke ständig darüber nach.

Mehrere Interviewpartner haben mir diese Frage gestellt … Gibt es bei mir Zweifel an dem, was ich erlebte oder bezüglich der übermittelten Informationen?

Ich habe darauf stets die gleiche Antwort gegeben:

»Der Tag, an dem ich zu zweifeln aufhöre, ist der Tag, an dem ich gefährlich werde, und ich habe nicht die Absicht, gefährlich zu werden.«

Daher ist es mir wichtig, dass auch Sie zweifeln! (Ich bin sicher, dass ich Sie dazu nicht ermutigen muss.) Machen Sie sich immer wieder klar, dass eine der wichtigsten Botschaften der *Gespräche mit Gott* die ist, nicht an sie zu glauben.

Tatsächlich hören wir gleich im ersten der neun Bücher die Stimme Gottes Folgendes zu uns sagen:

»Glaubt nichts, was ich sage. *Lebt* es einfach. *Erfahrt* es. Und lebt dann jedwedes andere Paradigma, das ihr aufbauen wollt. Und seht euch danach eure *Erfahrungen* an, um eure Wahrheit zu finden.«

Wir tun gut daran, in allen Fragen bezüglich des Selbst und der Seele stets unsere Autorität zu bewahren und unsere eigenen Entscheidungen zu treffen. Niemand kann uns sagen, was für uns wahr ist, und niemand sollte es versuchen.

Gleichwohl erkannte ich sehr deutlich, was für

mich wahr ist, als ich die Empfehlungen und Vorschläge las, die mir in den *Gesprächen mit Gott* für mein Leben gegeben wurden. Unwillkürlich dachte ich: »Ich wünschte, jemand hätte mir diese Dinge vor fünfzig Jahren gesagt. Ich kann mir keine bessere Art zu leben vorstellen.«

Ich bin mir sehr wohl bewusst, dass nicht alle mit dem übereinstimmen werden, was hier aufgeschrieben wurde. Manche werden es bizarr oder befremdlich finden. Andere werden sagen, es sei noch viel schlimmer als das, und es blasphemisch und ketzerisch nennen. Ich respektiere und ehre ihre Auffassung – und alle anderen Auffassungen, die Menschen aufrichtig, aber gewaltfrei vertreten.

Wir sprechen hier über ein Thema von enormer Bedeutung. Es geht um unsere Beziehung zum Göttlichen – und letztlich um die Frage, ob es überhaupt einen »Gott« gibt. Und das ist nun wirklich keine Kleinigkeit.

Wie wir dazu stehen, ist von großer Bedeutung, denn früher oder später sehnen sich die meisten Menschen danach, in ihrem Leben einen *Sinn* zu finden. Ohne diesen Sinn, ohne irgendeine Art von Ziel oder Bestimmung trotten viele von uns bald nur bedrückt vor sich hin.

Wir gehen durchs Leben und versuchen, das Beste aus etwas zu machen, das wir nicht ansatzweise verstehen. Wir verbringen unsere Tage und Nächte mit immer zielloser, wertloser, sinnloser erscheinenden Aktivitäten, die nichts klären, wenig hervorbringen und einfach nur Beschäftigungen sind auf dem Weg zu etwas, das wir nicht kennen, einem unvermeidlichen Ende, das wir Tod nennen und das uns nicht mehr zu bieten hat als ein gesteigertes Gefühl bitterer, lächerlicher Sinnlosigkeit.

Und so sehnen wir uns, und wir suchen.

Während ich diese Worte schreibe, denke ich intensiv über all das nach, und mir wird klar, dass der Glaube an die Existenz einer Höheren Macht sehr wohl die Garantie dafür sein könnte, dass wir Klarheit erlangen.

Suchet, so werdet ihr finden, hat Gott zu uns allen gesagt. *Klopfet an, so wird euch aufgetan.* Unsere Kommunion mit dem Göttlichen eröffnet uns die Möglichkeit, uns daran zu erinnern, dass hier *wirklich* etwas Größeres im Gange ist. Informationen können uns erreichen, durch die plötzlich offensichtlich wird, dass dieses »Größere« allem innewohnt, was ist und geschieht. Auch das Buch, das Sie gerade lesen, könnte Teil dieses Prozesses sein, der sich hier und jetzt entfaltet.

Ich glaube nicht, dass Ihre Interaktion mit dem Göttlichen je so gedacht war, dass Sie nur geben, aber nichts zurückerhalten. Ich glaube, sie ist so gedacht, dass sie Ihnen Trost und Geborgenheit schenkt und Ihnen ein Lebensziel gibt, das Ihre Hingabe verdient, ein Ziel, das Zeit und Anstrengung lohnt.

Daher ermutige ich Sie, jeden Tag Ihre eigenen Gespräche mit Gott zu führen, auf die Art und Weise, die sich für Sie natürlich und gut anfühlt, basierend auf Ihrer Tradition oder Ihrem innersten Gefühl. Nennen Sie es Gebet, nennen Sie es Meditation, nennen Sie es Inspiration, nennen Sie es, wie immer Sie wollen. Und wenn der Dialog, den ich hier mit Gott führe, bewirkt, dass Sie Ihren eigenen Austausch mit Gott beginnen, hat dieses Buch sein Ziel erreicht.

Wenn das Material der *Gespräche-mit-Gott*-Buchreihe Ihnen zusagt, werden Sie in diesem neuen Text alles finden, was Sie benötigen, um die GmG-Botschaften noch besser in Ihr Leben zu integrieren. Die sechzehn Unterschiede zwischen Menschen und HEWs sind eine ausgezeichnete Richtschnur, um Ihr eigenes Verhalten zu verändern. Wenden Sie außerdem regelmäßig die sieben Hilfsmittel an, die Ihnen in jenem Teil des Dialogs präsentiert wurden, der sich mit dem Thema Integration befasst. Wiederholen Sie die alltäglichen Verhaltensweisen, die Sie bereits beherrschen, und seien Sie dann nicht überrascht, wenn Ihr Leben sich vor Ihren Augen verändert!

Nun möchte ich noch einige abschließende Gedanken mit Ihnen teilen, die ich diesem Buch hinzufüge, mehrere Wochen nachdem der Haupttext fertiggestellt wurde.

Am 1. November 2016 musste ich mich einer Operation am offenen Herzen unterziehen: Mir wurde ein fünffacher Bypass gelegt. Ein paar Tage zuvor hatte ein Angiogramm meinen Verdacht bestätigt, dass mit meiner guten alten Pumpe etwas nicht stimmte. Ich fühlte mich unwohl und beschloss deshalb, mich vorsichtshalber durchchecken zu lassen. Diese Entscheidung rettete mir das Leben. Es stellte sich heraus, dass bei mir fünf Herzarterien blockiert waren – eine zu 98 Prozent.

Ich teile Ihnen diese sehr persönliche Angelegenheit aus einem guten Grund mit. Es geht mir nicht um Ihr Mitgefühl, sondern um Ihre Aufmerksamkeit.

Dieses Leben, das wir führen, durch das Sie und ich Hand in Hand gehen, dauert nicht ewig. Nicht in seiner gegenwärtigen Form. Unsere Existenz ist ewig, aber unsere Leben in der Gestalt, die wir jeweils annehmen, sind es nicht.

Das wurde mir auf sehr, sehr machtvolle Weise verdeutlicht. Mir wurde der Brustkorb aufgesägt, das Herz wurde stillgelegt, der Körper für drei Stunden an eine Maschine angeschlossen, die Blutkreislauf und Atmung in Gang hielt, und dann wurde meine Brust wieder zugenäht – es gibt nichts, was mir klarer hätte vor Augen führen können: Du bist nicht dein Körper. Dein Körper ist etwas, was du hast, nicht etwas, was du bist. Was du bist, ist ewig. Was du hast, ist nicht ewig.

Die amerikanische Dichterin Em Claire (mit der ich zu meiner großen Freude verheiratet bin) hat diese Realität perfekt in ihrem Gedicht *Kostbares Ereignis* eingefangen …

Ich bin ein kostbares Ereignis,
und ich habe nicht viel Zeit.

Wir sind ein kostbares Ereignis.
Und solange wir denken, wir hätten Zeit,
haben wir keine Zeit.

Zu viel Zeit verbringen wir damit,
hierhin und dorthin zu laufen
und zu fragen: »Was ist mein Name?«

Wenn du das noch nicht weißt
oder wenn du es vergessen hast,
werde still, wende dich nach innen
und finde die Antwort.

Du bist ein kostbares Ereignis:
Sage du *uns* deinen Namen.

Meine Herzoperation bewirkte, dass ich lange und intensiv nachdachte. Und nicht nur ab und zu, sondern vom Tag nach der Operation bis zu den Zeilen, die ich hier aufschreibe. Was will ich mit der Zeit anfangen, die meinem gegenwärtigen Körper noch bleibt?

Und was wollen wir alle mit unserer Zeit anfangen? Das heißt: Warum sind wir hier? Worauf kommt es am Ende unserer gegenwärtigen Verkörperung wirklich an?

Sind wir hier, um etwas für uns aus diesem Leben *herauszuholen*? Die Partnerin oder den Partner zu bekommen, den Job, das Auto, die Kinder, das Haus, den besseren Job, das bessere Auto, die Enkelkinder, unseren Namen auf dem Firmenschild oder an der Bürotür, schließlich die Armbanduhr als Abschiedsgeschenk, wenn wir in Rente gehen, die Kreuzfahrttickets – nur um dann krank zu werden und uns ins Jenseits zu verkrümeln? Ist das wirklich die Lebensformel?

Gibt es nicht mehr für uns zu tun? *Gab* es je mehr für uns zu tun?

Dann dachte ich über das *Erwachen* nach. Gibt es so etwas tatsächlich? Haben wir uns das nur ausgedacht, um etwas anderes zu tun zu haben als das Weltliche, als das bloße Überleben?

Dann sagte ich mir: *Warte einen Moment. Dir wurde gerade von Gott ein Buch geschenkt. Was ist die wichtigste Botschaft dieses Buches? Vielleicht solltest du deine Aufmerksamkeit darauf richten.*

Also las ich dieses Buch erneut, von der ersten bis zur letzten Seite. Und ich kam zu dem Schluss, dass seine wichtigste Botschaft lautet: »Ihr seid bereits erwacht. Ihr wisst es nur nicht.«

Das sehe ich jetzt als meine Gelegenheit: nicht nach dem Erwachen zu streben, sondern durch mein Verhalten widerzuspiegeln, dass ich bereits erwacht bin – durch jeden Gedanken, jedes Wort, jede Geste, Handlung oder Entscheidung, von diesem Moment an.

Ich habe meine Wahl getroffen. Und ich verspüre den Wunsch, Sie dazu einzuladen, ebenfalls diesen Weg zu gehen.

Jetzt ist der perfekte Zeitpunkt dafür, große Fortschritte zu machen, als Einzelne und als Spezies. Und das muss keineswegs eine Schinderei oder schwere Bürde sein. Es kann eine Freude sein. Es wird sich wunderbar anfühlen, täglich das Höchste und Großartigste in uns zum Ausdruck zu bringen. Alles, was wir dafür tun müssen, ist, unsere Angst und Negativität aus dem Weg zu räumen.

Versuchen wir es. Nur für eine Woche. Nein, nur für einen Tag. Lassen Sie uns bewusst auf unsere Gedanken achten. Lassen Sie uns darauf achten, was wir sagen. Zählen wir, wie oft unsere Gedanken und Worte negativ sind. Zählen wir, wie oft sie positive Energie und gute Schwingungen verbreiten und wie oft sie uns und unsere Umgebung energetisch schwächen.

Lassen Sie uns gemeinsam die göttliche Einladung annehmen: *Ich bin gekommen, damit ihr das Leben habt und es in Fülle habt.* Lassen Sie uns das vor jeder Begegnung, jeder Interaktion zu uns selbst sagen.

Machen wir das zum Kontext all unserer intellektuellen, emotionalen und physischen Lebensäußerungen, vom Morgen bis zum Abend.

Wenn Sie sich mir auf diesem nächsten und vielleicht wichtigsten Abschnitt unserer Evolutionsreise anschließen wollen, finden Sie auf *www.ihaveselfselected. com* hilfreiche Ressourcen (in englischer Sprache).

Ich habe dort, als Hilfe für mich und andere, hauptsächlich Botschaften und Materialien aus den GmG-Dialogen zusammengestellt, die mein Leben verändert haben und uns verheißen, dass die größten Veränderungen noch kommen werden.

Glauben Sie, dass wir diese Veränderungen herbeiführen können? Glauben Sie, dass wir durch unser Handeln die Welt zu einem besseren Ort machen können?

Ah, und hier kommt die zentrale Frage: Ist es überhaupt die Mühe wert? Schließlich ist das keine leichte Aufgabe. Jahrhunderte – nein, *Jahrtausende* –

menschlicher Schwächen, Neigungen und Obsessionen lassen sich nicht über Nacht aus dem Weg räumen. Das werden wir nur schaffen, wenn wir auf neue Weise denken, das Leben auf neue Weise verstehen, miteinander auf neue Weise sprechen und auf neue Weise in der Welt aktiv werden.

Warum sich so etwas aufhalsen? Warum nicht einfach ein Leben führen, in dem es um nichts weiter geht, als zu heiraten, Kinder zu bekommen, ein Haus zu bauen usw.?

Weil wir hergekommen sind, um mehr als das zu tun.

Wir sind nicht hergekommen, um ein Spiel zu spielen, bei dem derjenige gewinnt, der die meisten Spielzeuge anhäuft. Wir sind nicht hergekommen, um von der Geburt zum Tod durch ein Leben zu schleichen, in dem es um nichts weiter geht, als möglichst wenig Schaden anzurichten und möglichst viel von dem zu erzeugen, was wir als »Glück« und »Erfolg« definieren. Glauben wir wirklich, das wäre die Gesamtsumme unserer irdischen Erfahrung?

Und es gibt noch einen Grund, sich Gedanken zu machen:

Unsere Welt – jene, die wir unseren Kindern und Enkelkindern hinterlassen – kann nicht so weiterexistieren wie bisher, ihre Ressourcen verkraften es nicht, wenn Menschen weiterhin nach nichts anderem streben als dem Traumpartner, dem Traumauto, dem Traumhaus.

Es ist an der Zeit, dass unsere Spezies erwacht, dass sie sich weiterentwickelt, dass wir uns bewusst werden, *Wer Wir Sind* und *Warum Wie Hier Sind* und was der Sinn des Lebens ist.

Besteht der Sinn der Existenz einfach darin, zu *existieren*?

Sicher nicht. Es muss mehr geben als das.

Und in der Tat gibt es mehr. In den *Gesprächen mit Gott* wird uns das unmissverständlich gesagt. Deshalb nutze ich sie an jedem Tag meines Lebens als Inspirationsquelle. Ich hoffe, das werden Sie auch tun. Lesen Sie sie. Alle Bücher der Reihe. Nicht, weil ich glaube, dass Sie darin die Antwort auf die größten Geheimnisse des Lebens finden, sondern weil Sie dort den Weg zu Ihren eigenen Antworten finden. Ob Sie mit dem, was in diesen Texten steht, übereinstimmen oder nicht, in beiden Fällen kommen Sie dadurch Ihrer eigenen inneren Wahrheit näher.

Dann können Sie diese Wahrheit viel besser leben.

Und dann werden Sie die Menschheit aufwecken. Denn jene, die ihre höchste und größte innere Wahrheit leben, wecken ihre Mitmenschen aus dem Schlaf des Vergessens, indem sie deren höchste und größte Gedanken widerspiegeln und ihnen helfen, zu sich selbst zu finden.

Das ist die Einladung an uns. Das ist unsere Chance. Das ist der nächste Schritt unserer Evolution. Und diesen nächsten Schritt zu tun ist die Bestimmung allen Lebens. Denn die Seele bringt Leben durch Fortschritt zum Ausdruck – Fortschritt, *Fortschritt*. Expansion, Expansion, *Expansion*. Werden, Werden, *Werden*. Ewig und für alle Zeiten.

Das ist die Freude Gottes, verkörpert in jedem lebendigen Geschöpf.

Ich lade Sie ein, es auch zu Ihrer Freude werden zu lassen.

In Liebe,
Neale Donald Walsch
Ashland, Oregon
22. November 2016

PS: Wenn Sie feststellen, dass die Dritte Einladung, wie sie in diesem Buch ausgesprochen wird, Ihnen neue Energie verleiht, möchte ich Sie ermutigen, Ihre Aufmerksamkeit den vielen Organisationen und Bewegungen weltweit zuzuwenden, die Sie einladen, beim Erwachen der Menschheit mitzuhelfen.

Eine dieser Organisationen ist aus den Botschaften der *Gespräche mit Gott* entstanden. Sie heißt Humanity's Team (www.HumanityTeam.org und die deutsche Sektion www.humanysteam.de) und widmet sich der Aufgabe, die Botschaft des Einsseins weltweit zu verbreiten, damit die Trennung endlich ein Ende findet.

Und wenn Sie den Inhalt der neun veröffentlichten *Gespräche mit Gott* weiter erkunden wollen, besuchen Sie www.CWGConnect.com. Ich bin zuversichtlich, dass diese Webseite noch lange, nachdem ich meinen Tag des Ewigen Lebens gefeiert habe, eine wertvolle Ressource sein und gute Dienste leisten wird.

Ich kann dieses Schlusswort nicht beenden, ohne tiefe Dankbarkeit gegenüber meiner Frau Em zum Ausdruck zu bringen, die in Zeiten des Zweifels meine Stärke war, meine Klarheit in Zeiten der Verwirrung und meine Ich-verstehe-dich-vollkommen-und-liebe-dich-bedingungslos-Seelengefährtin, wann immer sie bei mir auch nur die leiseste Versuchung bemerkte, mir vorzustellen, ich wäre auf dieser Reise allein.

Irgendwie wusste ich, dass so etwas möglich ist. Ich wusste es einfach. Aber ich empfinde es auch als etwas sehr Seltenes und Kostbares. Mein größtes Glück besteht darin, dass ich Ihnen nun mit absoluter Gewissheit sagen kann, dass Gottes Art zu lieben hier auf Erden durch menschliche Wesen zum Ausdruck gebracht werden kann. Meine geliebte Em ist der lebende Beweis.

Ems Gedichte haben mich immer wieder inspiriert, und daher möchte ich eines von ihnen an den Schluss dieses Buches stellen, damit auch Sie diese Inspiration erfahren.

Ehe ich mich wieder der Kontemplation Gottes, wie ich ihn verstehe, zuwende, zu der dieser neue Dialog mich einlädt, möchte ich der Welt die faszinierende, spirituell wichtige Frage präsentieren, die Em uns mit dem nachfolgenden Gedicht aus ihrem Buch *Home Remembers Me* stellt: *Ist Es aus Liebe gemacht?*

Ich kann mir keine bessere Art vorstellen, dieses neueste Gespräch mit Gott abzuschließen.

Ich weiß nicht, ob mein Gott
und dein Gott die gleichen sind:

Ist dieses göttliche *Es* aus *Liebe* gemacht?

Will es für dich, was *du* für dich willst?

Kommt es mit offenen Armen zu dir,
nichts von dir fordernd, doch zu allem bereit?

Flüstert es von Licht und Stille
und zeigt dir *alle* Pfade, die dorthin führen?

Erinnert es dich an dein Sehen?
Erinnert es dich an dein Wissen?
Erinnert es dich an den sanftesten Geliebten,
den du dir je erträumtest
und der deinen ganzen Körper liebkost,
um dich von der Müdigkeit in deinem Herzen zu
befreien?

Kommt es je zu spät?

Lässt es dich je im Stich?

Ist *Es* aus *Liebe* gemacht?

Anhang

Über die Buchreihe *Gespräche mit Gott*

Die *Gespräche mit Gott* erstrecken sich über neun Bücher, wobei mit jedem Buch die Botschaft um neue, erhellende Facetten erweitert wird. Hinzu kommen mehrere ergänzende Bücher, die sich mit der spirituellen und praktischen Anwendung der in den eigentlichen Gesprächen dargelegten Gedankengebäude befassen.

Diese ergänzenden Bücher erweitern die ursprünglichen Botschaften, indem sie näher auf bestimmte Bereiche menschlicher Aktivität eingehen, seien es die besonderen Interessen junger Menschen (*Gespräche mit Gott für Jugendliche*), die Frage, was geschieht, wenn wir Gott einen Platz in unserem Leben einräumen (*The Holy Experience*), der Umgang mit unerwarteten und ungewollten Veränderungen (*Wenn alles sich verändert, verändere alles*), die Möglichkeiten, die sich gegenwärtig für die Menschheit auftun, um die gewaltigen politischen, ökonomischen und sozialen Umwälzungen zu meistern (*Der Sturm vor der Ruhe*), und die eine Sache, die für unser Leben wirklich von Bedeutung ist, basierend auf dem einen zentralen Wunsch der menschlichen Seele (*Was wirklich wichtig ist*).

In *Glücklicher als Gott* wird aufgezeigt, wie wir die Metaphysik des Universums uneingeschränkt und machtvoll anwenden können, Thema von *Bring Licht in die Welt* ist die GmG-Formel für ein richtiges, gelingendes Leben, und *Die Essenz* bietet eine präzise Zusammenfassung der zentralen Ideen des über 3000 Seiten umfassenden Original-Dialogs. Diese zentralen Konzepte werden in 1000 Worten zusammengefasst, gefolgt von Kapiteln, in denen jedes Konzept detailliert erläutert wird. Das kleine Bändchen *Was Gott will* enthält eine kurze, rasch lesbare Darstellung der GmG-Botschaft für alle, die gerne wissen wollen, was es mit diesen Dialogen auf sich hat, aber nicht die Zeit haben, sich in das Gesamtwerk zu vertiefen. Und in *Gottes Botschaft an die Welt* finden Sie eine hoch konzentrierte Untersuchung der schädlichsten Irrtümer, denen Milliarden Menschen seit Jahrtausenden in Bezug auf das Göttliche unterliegen.

Conversations with God for Parents: Sharing the Messages with Children, zusammen mit Laurie Finley und Emily Filmore verfasst, präsentiert wundervolle Strategien, wie wir die wichtigen Botschaften der GmG unserem Nachwuchs (von der Vorschulzeit bis ins vorpubertäre Alter) nahebringen können. In *Wo Gott und Medizin sich treffen* wird mit der Koautorin Dr. Brit Cooper untersucht, welche Schnittmengen zwischen den *Gesprächen mit Gott* und den traditionellen Heilberufen bestehen. *The Conversations with God Companion* schließlich ist ein Ratgeber für alle, die Seminare und Workshops zu den GmG durchführen wollen.

Die vollständige Liste aller GmG-Bücher:

Die Dialoge:
Gespräche mit Gott, Band 1
Gespräche mit Gott, Band 2
Gespräche mit Gott, Band 3
Freundschaft mit Gott
Gemeinschaft mit Gott
Neue Offenbarungen
Gott heute
Zuhause in Gott
Ein unerwartetes Gespräch mit Gott: Das Erwachen der Menschheit

Ergänzende Titel:
1. *Was Gott will*
2. *Bring Licht in die Welt*
3. *Erschaffe dich neu*
4. *Fragen und Antworten zu »Gespräche mit Gott«*
5. *Gespräche mit Gott für Jugendliche*
6. *Gott erfahren*
7. *Beziehungen*
8. *Ganzheitlich leben*
9. *Rechtes Leben in Fülle*
10. *Glücklicher als Gott*
11. *The Holy Experience*
12. *The Conversations with God Companion*
13. *Wenn alles sich verändert, verändere alles*
14. *When Everything Changes, Change Everything Workbook & Study Guide*
15. *Der Sturm vor der Ruhe*

Ein Blick auf das Material
dieser Buchreihe

Die folgenden 50 Fragen und Antworten helfen Ihnen, sich die wesentlichen Punkte, die in den *Gespräche-mit-Gott*-Texten der Menschheit mitgeteilt wurden, bewusst zu machen. Sie können als Test für GmG-Lehrer und -Schüler verwendet werden. Es kann aber auch hilfreich sein, die Fragen und Antworten einfach in Ruhe durchzulesen, um sich einen Überblick über die Themenfülle dieses Werks zu verschaffen – und sich inspirieren zu lassen.

Frage 1: Wie lauten die drei Aussagen der Höchsten Wahrheit in *Gespräche mit Gott*, Band 1?
Antwort 1:
1. Wir sind alle eins.
2. Es ist immer genug da.
3. Es gibt nichts, was ihr tun müsst.

Textreferenzen für diese Antwort:
1. Wir sind alle eins. *GmG* Band 1, S. 54
2. Es ist immer genug da. *GmG* Band 1, S. 157
3. Es gibt nichts, was ihr tun müsst.
   GmG Band 1, S. 141 / Band 3, S. 14

....

Frage 2: Erkläre bitte das Sein-Tun-Haben-Paradigma.

Antwort 2:

Die meisten Menschen glauben: Wenn ich das TUE, werde ich das HABEN und dann werde ich glücklich SEIN. GmG sagt uns, dass die meisten Menschen verkehrt herum leben. Der Dialog lädt uns dazu ein, uns zuerst auf das SEIN zu konzentrieren. Dann wird das, was wir TUN und HABEN, ganz natürlich daraus hervorgehen, und wir werden mit viel mehr Freude unsere Erfahrungen erschaffen.

Textreferenzen für diese Antwort:

GmG Band 1, S. 171–174 / Band 3, S. 23

....

Frage 3: Was sind die fünf Einstellungen Gottes?

Antwort 3:

Gott ist freudig, liebend, akzeptierend, segnend und dankbar.

Textreferenzen für diese Antwort:

GmG Band 1, S. 100

....

Frage 4: Was ist das Gesetz der Gegenteiligkeit, und wie arbeitet es?

Antwort 4:

»Gott ist Alles-Was-Ist und Alles-Was-Nicht-Ist.« Im Reich des Physischen (auch bekannt als das Reich des Relativen) existiert nichts ohne sein Gegenteil. Wenn ihr euch entscheidet, etwas Bestimmtes zu sein, wird alles, was dem nicht entspricht, in euren

Erfahrungsbereich gelangen. Das ermöglicht es euch, euch als das zu erkennen, das zu sein ihr beschlossen habt. Ihr könnt nicht wissen, was »heiß« ist, wenn ihr keine Kälte erlebt. Ihr könnt nicht wissen, was »schnell« ist, wenn ihr keine Langsamkeit erlebt. Ihr könnt euch nicht als »groß« erleben, wenn es niemanden und nichts »Kleines« gibt, womit ihr euch vergleichen könnt.

Textreferenzen für diese Antwort:
GmG Band 1, S. 42–46

....

Frage 5: Was ist eine »göttliche Dichotomie«?
Antwort 5:
Es handelt sich um zwei scheinbar einander widersprechende Wahrheiten, die gleichzeitig am selben Ort existieren. Statt der Notwendigkeit, sich für eine von beiden zu entscheiden, eröffnet sich die Möglichkeit, beides anzuerkennen. »Entweder/oder« wird ersetzt durch »Sowohl-als-auch«.

Textreferenzen für diese Antwort:
GmG Band 1, S. 179, 188, 259

....

Frage 6: Was sind die zehn Verpflichtungen?
Antwort 6:
Gott hat sich uns gegenüber verpflichtet, uns durch »sichere und eindeutige Zeichen« anzuzeigen, dass wir auf dem Weg zu unserer Gotteserfahrung sind: Ihr werdet wissen, dass ihr den Weg zu Gott genommen habt, und ihr werdet wissen, dass ihr Gott ge-

funden habt, denn es wird diese Zeichen, diese Hinweise, diese Veränderungen in euch geben:

1. Ihr werdet Gott mit eurem ganzen Herzen, mit eurem ganzen Geist und mit eurer ganzen Seele lieben.

2. Ihr werdet den Namen Gottes nicht missbrauchen. Und ihr werdet mich auch nicht um nichtiger Dinge willen anrufen.

3. Ihr werdet daran denken, mir einen Tag vorzubehalten, und ihr werdet ihn heilig nennen. Das, damit ihr nicht lange in eurer Illusion verharrt, sondern euch dazu bringt, euch daran zu erinnern, wer und was ihr seid.

4. Ihr werdet eure Mutter und euren Vater ehren – und ihr werdet wissen, dass ihr Gotteskinder seid, wenn ihr euren Gottvater/eure Gottmutter in allem, was ihr sagt oder tut oder denkt, ehrt.

5. Ihr werdet nicht morden (das heißt, willentlich ohne Grund töten). Das schließt alle Lebensformen ein, nicht nur die Menschen.

6. Ihr werdet die Reinheit der Liebe nicht durch Unehrlichkeit oder Täuschung entweihen, denn das ist ehebrecherisch.

7. Ihr werdet kein Ding nehmen, das euch nicht gehört, noch werdet ihr betrügen, ein Komplott schmieden, einem anderen schaden.

8. Ihr werdet nicht etwas Unwahres sagen und so falsches Zeugnis geben.

9. Ihr werdet nicht eures Nächsten Gefährtin/Gefährten begehren, weil ihr wisst, dass alle anderen eure Seelengefährten sind.

10. Ihr werdet nicht eures Nächsten Güter begehren, weil ihr wisst, dass alle Güter die euren sind und all eure Güter der Welt angehören.

Textreferenzen für diese Antwort:
GmG, Band 1, S. 139, 140

....

Frage 7: Was sind die dreieinigen Wahrheiten?
Antwort 7:
Sie besagen, dass alles im Leben als Dreiheit existiert, als dreieinige Wirklichkeit. Jedem Aspekt des Lebens wohnt diese »Drei-in-Einem«-Qualität inne. In manchen Religionen spricht man von »Vater, Sohn und Heiligem Geist«. Hier sind weitere Bereiche, in denen der Drei-in-Einem-Aspekt sich zeigt:
Wir sagen, dass ein Ding physisch, nicht-physisch oder metaphysisch ist. Wir sprechen von Wissen, Erfahren und Sein. Wir sprechen von Überbewusstsein, Bewusstsein und Unterbewusstsein. Wir verwenden die Formulierung »Körper, Geist und Seele«. Wir sagen, dass unser Universum aus Energie, Materie und Antimaterie besteht. Wir sagen, dass menschliche Aktivität sich in Gedanken, Worten und Handlungen ausdrückt. Wir unterteilen unsere Lebenszeit in Vergangenheit, Gegenwart und Zukunft. Ebenso sprechen wir von davor, jetzt und danach. Wenn wir die Position eines Dings im Raum beschreiben wollen, sprechen wir von hier, dort oder dazwischen.

Textreferenzen für diese Antwort:
GmG Band 1, S. 43, 51, 52, 109, 110

....

Frage 8: Nenne die drei Gesetze der Realität.
Antwort 8:

1. Der Gedanke ist schöpferisch.
2. Furcht zieht gleichgeartete Energie an.
3. Liebe ist alles, was es gibt.

Textreferenzen für diese Antwort:
GmG Band 1, S. 87, 88

....

Frage 9: Nenne die drei Funktionen des Lebens
Antwort 9:

1. Die Funktion der Seele besteht darin, dass sie auf ihr Verlangen hinweist, und nicht darin, dass sie es aufzwingt.
2. Die Funktion des Geistes besteht darin, dass er hinsichtlich seiner Alternativen eine Wahl trifft.
3. Die Funktion des Körpers besteht darin, dass er diese Wahl ausagiert.

Textreferenzen für diese Antwort:
GmG Band 1, S. 245

....

Frage 10: Was sind die sechs Anzeichen dafür, dass jemand sich entschieden hat, ein bewusstes Leben zu führen?
Antwort 10:

1. Noch bis vor Kurzem wollten wir nichts weiter als hier bleiben (in der physischen Welt). Nun wollen wir nichts weiter als weg von hier (und in die spirituelle Welt). Wir glaubten, das Überleben

sei unser Grundinstinkt. Jetzt wissen wir, dass es unser Grundinstinkt ist, Göttlichkeit zum Ausdruck zu bringen.

2. Noch bis vor Kurzem haben wir getötet. Jetzt können wir nichts töten, ohne genau zu wissen, warum.

3. Noch bis vor Kurzem haben wir das Leben so gelebt, als hätte es weder Sinn noch Zweck. Nun wissen wir, dass es keinen Sinn und Zweck hat außer dem, den wir ihm geben.

4. Noch bis vor Kurzem haben wir Gott angefleht, uns die Wahrheit zu übermitteln. Nun sagen wir Gott unsere Wahrheit.

5. Noch bis vor Kurzem haben wir danach gestrebt, reich und berühmt zu sein. Nun trachten wir danach, ganz einfach und wunderbar wir selbst zu sein.

6. Noch bis vor Kurzem haben wir Gott gefürchtet. Jetzt lieben wir Gott genug, um Ihn als uns gleichgestellt anzusehen.

Textreferenzen für diese Antwort:
GmG Band 1, S. 220

....

Frage 11: Bitte erkläre diese Aussage: »Wenn du gegen etwas ankämpfst, wirst du es nicht los.«
Antwort 11:
Wenn du gegen etwas innerlich ankämpfst, dich gegen etwas sträubst, führst du ihm damit Energie zu, wodurch es beharrlich in deiner Realität bleibt oder immer wieder neu erschaffen wird. Wenn dir etwas

nicht gefällt, kämpfe nicht dagegen an, sondern betrachte es achtsam, bis es seine illusionäre Form verliert. Das heißt, betrachte es, bis du durch die Illusion hindurch in die Höchste Wirklichkeit blicken kannst.
Textreferenzen für diese Antwort:
GmG Band 1, S. 148, 149

....

Frage 12: Was ist die Bestimmung der Seele?
Antwort 12:
Die Seele hat nur einen Wunsch: Sie möchte ihren großartigsten Begriff von sich selbst in ihre großartigste Erfahrung verwandeln.
Textreferenzen für diese Antwort:
GmG Band 1, S. 41

....

Frage 13: Nenne die zwei primären Gedanken, auf denen alle anderen Gedanken basieren.
Antwort 13:
Liebe und Angst.
Textreferenzen für diese Antwort:
GmG Band 1, S. 41

....

Frage 14: Erkläre den Unterschied zwischen Schmerz und Leiden.
Antwort 14:
Schmerz ist eine körperliche oder mentale Empfindung, die durch einen Reiz ausgelöst wird. Leiden

beruht darauf, welche Entscheidung wir bezüglich dieses Reizes treffen. Leiden entsteht aus der Entscheidung, dass etwas, das geschieht, nicht geschehen sollte. Das Leiden endet, wenn die betroffene Person die bewusste Entscheidung trifft, einen bestimmten Schmerz auf andere Art zu betrachten. Ob es sich um einen körperlichen oder einen emotionalen Schmerz handelt, in beiden Fällen kann das Leiden reduziert oder völlig zum Verschwinden gebracht werden, wenn wir beschließen, das, was geschieht, zu lieben – im Wissen, dass letztlich alles zu unserem höchsten Wohl geschieht. So identifizieren wir uns nicht länger mit dem Schmerz (ob es sich um Geburtswehen oder um eine Zahnarztbehandlung handelt).

Textreferenzen für diese Antwort:
GmG Band 1, S. 151–154

....

Frage 15: Vervollständige den folgenden Satz: Beziehungen funktionieren am besten, wenn du …
Antwort 15:
… tust, was für dich selbst das Beste ist.
Textreferenzen für diese Antwort:
GmG Band 1, S. 173–176

....

Frage 16: Vervollständige den folgenden Satz: Dein Leben geht hervor aus …
Antwort 16:
… deinen Absichten bezüglich deines Lebens.

Textreferenzen für diese Antwort:
GmG Band 1, S. 169

....

Frage 17: Vervollständige den folgenden Satz: Alle echten Wohltaten …
Antwort 17:
… sind wechselseitiger Natur.
Textreferenzen für diese Antwort:
Freundschaft mit Gott, S. 202 (Elisabeth Kübler-Ross)

....

Frage 18: Vervollständige den folgenden Satz: Jeder Akt ist ein Akt …
Antwort 18:
… der Selbst-Definition.
Textreferenzen für diese Antwort:
Wenn alles sich verändert, verändere alles, S. 336

....

Frage 19: Gott sagt, dass du nicht alles haben kannst, was du dir wünschst. Warum ist das so?
Antwort 19:
Weil du dadurch, dass du dir etwas wünschst, dem Universum sagst, dass du es nicht hast, und das Universum hat keine Wahl, als das in deiner Realität widerzuspiegeln. Das führt dazu, dass du dir »noch mehr wünschst, was du dir bereits wünschst«, weil Gott immer »Ja« zu deinem stiftenden Gedanken sagt.

Textreferenzen für diese Antwort:
GmG Band 1, S. 28, 29

....

Frage 20: Was sind die fünf Ebenen des Sprechens der Wahrheit?
Antwort 20:
  1. Sage dir selbst die Wahrheit über dich selbst.
  2. Sage dir selbst die Wahrheit über einen anderen.
  3. Sage einem anderen die Wahrheit über dich selbst.
  4. Sage einem anderen die Wahrheit über ihn selbst.
  5. Sage allen die Wahrheit über alles.
Textreferenzen für diese Antwort:
GmG Band 1, S. 25

....

Frage 21: Was ist der Dreieckskodex ganzheitlichen Lebens?
Antwort 21:
  1. Gewahrsein
  2. Ehrlichkeit
  3. Verantwortung
Textreferenzen für diese Antwort:
GmG Band 3, S. 323

....

Frage 22: Nenne die drei Werkzeuge der Schöpfung.
Antwort 22:
  1. Gedanke
  2. Wort
  3. Handlung

Textreferenzen für diese Antwort:
GmG Band 1, S. 323 / *Freundschaft mit Gott*, S. 140

....

Frage 23: Nenne die Sieben Schritte zur Freundschaft mit Gott.

Antwort 23:

1. Kenne Gott.

2. Vertraue Gott.

3. Liebe Gott.

4. Umarme Gott.

5. Nutze Gott.

6. Hilf Gott.

7. Danke Gott.

Textreferenzen für diese Antwort:
Freundschaft mit Gott, S. 40

....

Frage 24: Laut den GmG gibt es Drei Grundprinzipien des Lebens. Das erste ist die Funktionalität. Nenne die anderen.

Antwort 24:

1. Funktionalität

2. Anpassungsfähigkeit

3. Erhaltungsmöglichkeit

Textreferenzen für diese Antwort:
Neue Offenbarungen, S. 248 / *Wenn alles sich verändert, verändere alles*, S. 277

....

Frage 25: Was ist das Neue Evangelium?
Antwort 25:
Wir sind alle eins. Unser Weg ist kein besserer Weg, es ist nur ein anderer Weg.
Textreferenzen für diese Antwort:
Freundschaft mit Gott, S. 224

....

Frage 26: Die Zwei Magischen Fragen lauten: Bin das wirklich ich, und …
Antwort 26:
… was würde die Liebe jetzt tun?
Textreferenzen für diese Antwort:
GmG Band 1, S. 182–184

....

Frage 27: Nenne die Vier Ebenen des Bewusstseins.
Antwort 27:
  1. Unterbewusst
  2. Bewusst
  3. Überbewusst
  4. Suprabewusst
Textreferenzen für diese Antwort:
Freundschaft mit Gott, S. 73, 74

....

Frage 28: Es gibt sechs Ebenen des Gewahrseins. Nenne mindestens drei.
Antwort 28:
  1. Es gibt jene, die nicht wissen, dass sie nicht wissen. Sie sind wie Kinder. Nährt und erzieht sie.

2. Es gibt jene, die nicht wissen, aber wissen, dass sie nicht wissen. Sie sind bereit. Unterrichtet sie.

3. Es gibt jene, die nicht wissen, aber denken, dass sie wissen. Sie sind gefährlich. Meidet sie.

4. Es gibt jene, die wissen, aber nicht wissen, dass sie wissen. Sie schlafen. Weckt sie auf.

5. Es gibt jene, die wissen, aber vorgeben, nicht zu wissen. Sie sind Schauspieler. Erfreut euch an ihnen, aber lasst euch nicht in ihre Dramen hineinziehen.

6. Es gibt jene, die wissen und wissen, dass sie wissen. Folgt ihnen nicht, denn wenn sie wissen, dass sie wissen, würden sie nicht wollen, dass ihr ihnen folgt. Doch hört euch aufmerksam an, was sie zu sagen haben, denn sie können euch an das erinnern, was ihr bereits wisst. Genau das könnte der Grund sein, warum ihr sie in euer Leben eingeladen habt.

Textreferenzen für diese Antwort:
Freundschaft mit Gott, S. 173, 174

....

Frage 29: Was sind die Drei Ebenen der Bewusstheit? (Tipp: Die erste ist die *Hoffnung*.)
Antwort 29:
1. Hoffnung
2. Glaube
3. Wissen

Hoffnung ist die erste Ebene des Gewahrseins. Sie ist viel besser als das Gefühl der Hoffnungslosigkeit, ist aber immer noch eine elementare Ebene des Gewahrseins, weil ein positiver Ausgang zwar für möglich gehalten wird, es dafür aber keine Garantie gibt.

Glaube ist die zweite Ebene des Gewahrseins. Dieser Zustand ist energiegeladener als die Hoffnung, weil zwar generell immer noch negative Resultate für möglich gehalten werden, aber in diesem speziellen Fall ein positiver Ausgang als sicher angenommen wird.

Wissen ist die höchste Ebene des Gewahrseins. Wissen ist größer als Hoffnung und Glaube, denn es sagt uns, dass unter keinen Umständen ein negativer Ausgang möglich ist, sondern dass alle Resultate positiv sind und begrüßt werden, da sie uns auf unserem evolutionären Pfad voranbringen und uns nach Hause geleiten. Wir *wissen* also, dass uns nichts »Schlimmes« widerfahren kann.

Textreferenzen für diese Antwort:
Freundschaft mit Gott, S. 69

....

Frage 30: Zähle die Zehn Menschlichen Illusionen auf.

Antwort 30:

1. Bedürftigkeit existiert.
2. Versagen existiert.
3. Spaltung existiert.
4. Mangel existiert.
5. Erfordernis existiert.
6. Richten existiert.
7. Verdammung existiert.

8. Bedingtheit existiert.
9. Überlegenheit existiert.
10. Unwissenheit existiert.

Textreferenzen für diese Antwort:
Gemeinschaft mit Gott, S. 14, 15 / *Glücklicher als Gott*, S. 241

....

Frage 31: Welche Art von Kulturgeschichte hat die Menschheit auf der Basis dieser Illusionen erschaffen? (Hinweis: Sie hat zehn Bestandteile.)
Antwort 31:
Auf der Basis unserer zehn Illusionen glauben wir irrtümlich, dass …

1. Gott eine Agenda hat. (Bedürftigkeit existiert)
2. Der Ausgang des Lebens zweifelhaft ist. (Versagen existiert)
3. Wir von Gott getrennt sind. (Spaltung existiert)
4. Nicht genug da ist. (Mangel existiert)
5. Es etwas gibt, das wir tun müssen. (Erfordernis existiert)
6. Wir bestraft werden, wenn wir es nicht tun. (Richten existiert)
7. Die ewige Verdammnis diese Strafe ist. (Verdammung existiert)
8. Daher die Liebe an Bedingungen geknüpft ist. (Bedingtheit existiert)
9. Die Kenntnis und Erfüllung der Bedingungen uns überlegen macht.
   (Überlegenheit existiert)
10. Wir nicht wissen, dass das alles Illusionen sind. (Unwissenheit existiert)

Textreferenzen für diese Antwort:
Gemeinschaft mit Gott, S. 16

....

Frage 32: Was ist der dreifaltige Prozess?
Antwort 32:
Beim dreifaltigen Prozess nutzen wir die Illusionen, um uns in jeder Situation, in der wir mit einer Illusion konfrontiert werden, vollkommen anders zu erleben. Der dreifaltige Prozess funktioniert folgendermaßen:

1. Seht die Illusion als eine Illusion an.
2. Entscheidet, was es bedeutet.
3. Erschafft euch selbst wieder aufs Neue.

Textreferenzen für diese Antwort:
Gemeinschaft mit Gott, S. 115

....

Frage 33: Vervollständige den folgenden Satz: In der Abwesenheit dessen, was du nicht bist …
Antwort 33:
… ist das, was du bist, nicht.
Textreferenzen für diese Antwort:
GmG, Band 3, S. 197, 335, 340 / *Wenn alles sich verändert, verändere alles*, S. 243

....

Frage 34: Nenne die Fünf Irrtümer über Gott und die Fünf Irrtümer über das Leben.
Antwort 34:
Die Fünf Irrtümer über Gott:

1. Die Menschen glauben, dass Gott etwas braucht.
2. Die Menschen glauben, dass Gott darin versagen kann, zu bekommen, was er braucht.
3. Die Menschen glauben, dass Gott sich von ihnen getrennt hat, weil sie ihm nicht gegeben haben, was er braucht.
4. Die Menschen glauben, dass Gott immer noch so dringend braucht, was er braucht, dass er nun von ihnen in ihrer Position des Getrenntseins verlangt, es ihm zu geben.
5. Die Menschen glauben, dass Gott sie vernichten wird, wenn sie seine Bedürfnisse nicht erfüllen.

Textreferenzen für diese Antwort:
Neue Offenbarungen, S. 42

Die Fünf Irrtümer über das Leben:
1. Die Menschen existieren getrennt voneinander.
2. Es gibt nicht genug von dem, was Menschen brauchen, um glücklich zu sein.
3. Um an das zu kommen, von dem nicht genug da ist, müssen die Menschen miteinander konkurrieren.
4. Manche Menschen sind besser als andere Menschen.
5. Es ist den Menschen dienlich, gravierende, durch all die anderen Irrtümer bewirkte Meinungsverschiedenheiten dadurch zu bereinigen, dass sie einander umbringen.

Textreferenzen für diese Antwort:
Neue Offenbarungen, S. 51

Frage 35: Nenne mindestens fünf der neun Neuen Offenbarungen aus dem Buch *Neue Offenbarungen*.

Antwort 35:

1. Gott hat von Anfang an mit und durch Menschen kommuniziert. Und das tut Gott auch heute.

2. Jedes menschliche Wesen ist ebenso außergewöhnlich, so besonders wie jedes andere menschliche Wesen, das je lebte, gegenwärtig lebt oder je leben wird. Wir sind alle Boten. Jeder und jede von uns. Jeden Tag tragen wir dem Leben eine Botschaft über das Leben zu. Jede Stunde. Jeden Augenblick.

3. Kein Weg zu Gott ist direkter als ein anderer. Keine Religion ist die »einzig wahre Religion«, kein Volk ist das »auserwählte Volk«, und kein Prophet ist der »größte Prophet«.

4. Gott hat nichts nötig und verlangt von nichts und niemandem im Universum irgendetwas. Gott ist reine Freude an und aus sich selbst.

5. Gott ist nicht ein einzigartiges Superwesen, das außerhalb von uns existiert. Gott hat nicht die emotionalen Bedürfnisse der Menschen und ist nicht demselben emotionalen Aufruhr unterworfen. Gott kann in keiner Weise gekränkt oder verletzt oder beschädigt werden und hat es deshalb auch nicht nötig, zu bestrafen oder sich zu rächen.

6. Es gibt nur Ein Ding, und alle Dinge sind Teil des Einen Dings Das Ist.

7. So etwas wie Richtig und Falsch gibt es nicht. Es gibt nur je nachdem, was zu sein, zu tun oder zu

haben wir bestrebt sind, das Was Funktioniert und Was Nicht Funktioniert.

8. Wir sind nicht unsere Körper. Unser Körper ist etwas, das wir haben, er ist nicht, was wir sind. Wie Gott sind wir grenzenlos und ohne Ende.

9. Wir können nicht sterben, und wir werden niemals zu ewiger Verdammnis verurteilt.

Textreferenzen für diese Antwort:
Neue Offenbarungen, S. 371, 372

....

Frage 36: Was sind die Fünf Schritte zum Frieden?
Antwort 36:

1. Ihr könnt die Wahl treffen, euch einzugestehen, dass einige eurer alten Glaubensvorstellungen über Gott und das Leben nicht länger funktionieren.

2. Ihr könnt die Wahl treffen, euch einzugestehen, dass es etwas gibt, das ihr in Bezug auf Gott und das Leben nicht versteht, und das, wenn ihr es verstündet, alles verändern würde.

3. Ihr könnt die Wahl treffen, dafür bereit zu sein, dass jetzt ein neues Verständnis von Gott und dem Leben hervorgebracht wird, ein Verständnis, das eine neue Lebensweise auf eurem Planeten herbeiführen könnte.

4. Ihr könnt die Wahl treffen, so mutig zu sein, dieses neue Verständnis zu erkunden und zu überprüfen, und sollte es mit eurer inneren Wahrheit und eurem inneren Wissen in Einklang stehen, euer Glaubenssystem so erweitern, dass es darin Eingang findet.

5. Ihr könnt die Wahl treffen, euer Leben zu einer Demonstration eurer höchsten und großartigsten Überzeugungen zu machen statt zu einer Demonstration ihrer Verleugnung.

Textreferenzen für diese Antwort:

Neue Offenbarungen, S. 26, 27

....

Frage 37: Nenne wenigstens fünf der neun Eigenschaften des Künftigen Gottes.

Antwort 37:

1. Der Künftige Gott verlangt von niemandem, dass er an Gott glaubt.
2. Der Künftige Gott hat weder Geschlecht, Größe, Form, Farbe oder sonst irgendeine Eigenschaft eines lebenden Wesens.
3. Der Künftige Gott redet mit allen, jederzeit.
4. Der Künftige Gott ist von nichts getrennt und ist Alles Überall.
5. Der Künftige Gott ist kein singuläres Superwesen, sondern der enorme, wunderbare Prozess des Lebens selbst.
6. Der Künftige Gott verändert sich unaufhörlich.
7. Der Künftige Gott hat keine Bedürfnisse.
8. Der Künftige Gott verlangt keinerlei Dienste, sondern ist der Diener allen Lebens.
9. Der Künftige Gott liebt bedingungslos.

Textreferenzen für diese Antwort:

Gott heute, S. 35

....

Frage 38: Nenne mindestens zehn der Achtzehn Erinnerungen.

Antwort 38:

1. Das Sterben ist etwas, was du für dich selbst tust.
2. Du bist die Ursache deines eigenen Todes. Das stimmt immer, ganz gleich, wo oder wie du stirbst.
3. Du kannst nicht gegen deinen Willen sterben.
4. Kein Weg nach Hause ist besser als irgendein anderer.
5. Der Tod ist nie eine Tragödie, er ist immer ein Geschenk.
6. Du und Gott sind eins. Zwischen euch gibt es keine Trennung.
7. Der Tod existiert nicht.
8. Du kannst die Letzte Wirklichkeit nicht ändern, aber du kannst deine Erfahrung von ihr verändern.
9. Es ist das Verlangen von Allem Das Ist, sich in Seiner Eigenen Erfahrung kennenzulernen. Das ist der Grund für alles Leben.
10. Das Leben ist ewig.
11. Der Zeitpunkt und die Umstände des Todes sind immer perfekt.
12. Der Tod jeder Person dient immer der Agenda einer jeden anderen Person, die sich seiner gewahr ist. Daher ist kein Tod (und kein Leben) je »vergeudet«.
13. Geburt und Tod sind dasselbe.
14. Du befindest dich fortwährend, im Leben und im Tod, im Schöpfungsakt.
15. So etwas wie das Ende der Evolution gibt es nicht.
16. Der Tod ist umkehrbar.

17. Du wirst im Tod von allen deinen Lieben begrüßt werden – von denen, die vor dir starben, und von denen, die nach dir sterben werden.
18. Die freie Wahl ist ein Akt reiner Schöpfung, die Signatur Gottes und dein Geschenk, deine Herrlichkeit und deine Macht und Kraft für immer und ewig.

Textreferenzen für diese Antwort:
Zuhause in Gott, Anhang

....

Frage 39: In *Glücklicher als Gott* erfahren wir, dass das Leben sich auf fünf Arten entfaltet. Nenne diese fünf Arten der Entfaltung und des Selbstausdrucks.

Antwort 39:
1. Die Energie der Anziehung, die uns Macht verleiht.
2. Das Gesetz der Gegensätze, das uns zu guten Gelegenheiten verhilft.
3. Die Gabe der Weisheit, die uns hilft zu unterscheiden.
4. Die Freude am Wunderbaren, die in uns die Kraft der Imagination weckt.
5. Das Vorhandensein von Zyklen, das uns Ewigkeit schenkt.

Textreferenzen für diese Antwort:
Glücklicher als Gott, S. 55

....

Frage 40: Wie lauten die Vier Fundamentalen Lebensfragen?

Antwort 40:

1. Wer bin ich?
2. Wo bin ich?
3. Warum bin ich, wo ich bin?
4. Was tue ich hier?

Textreferenzen für diese Antwort:

Wenn alles sich verändert, verändere alles, Fragen S. 233, 239, Antworten S. 239–250. Außerdem in *Der Sturm vor der Ruhe* als vier der Sieben Einfachen Fragen. Die anderen drei Fragen lauten:

1. Wie ist es möglich, dass 6,9 Milliarden Menschen alle das Gleiche wollen – Frieden, Sicherheit, Zukunftschancen, Wohlstand, Glück und Liebe – und dennoch offenbar unfähig sind, es zu erlangen?
2. Ist es möglich, dass es in Bezug auf Gott und das Leben etwas gibt, das wir noch nicht völlig verstehen, und das, wenn wir es verstehen, alles verändern würde?
3. Ist es möglich, dass es in Bezug auf uns selbst und unser Sein etwas gibt, das wir noch nicht völlig verstehen, und das, wenn wir es verstehen, unser Leben für immer zum Besseren verändern würde?

....

Frage 41: Nenne mindestens zehn der Siebzehn Schritte, um glücklicher als Gott zu werden.

Antwort 41:

1. Beenden Sie die Trennungstheologie.
2. Vergessen Sie nie, wer Sie sind.
3. Gewähren Sie anderen, was Sie selbst möchten.
4. Nichts, was Sie sehen, ist real.

5. Sagen Sie sich: »Ich bin nicht meine Geschichte.«

6. Nur Vorlieben, keine Abhängigkeiten.

7. Sehen Sie die Vollkommenheit.

8. Meiden Sie unnötige Dramatik.

9. Wissen Sie, was Traurigkeit ist.

10. Streiten Sie nicht länger mit dem Leben.

11. Lassen Sie alle Erwartungen fallen.

12. Haben Sie Verständnis mit sich.

13. Sprechen Sie Ihre Wahrheit immer gleich aus.

14. Achten Sie auf Energien und Schwingungen.

15. Lächeln Sie.

16. Singen Sie.

17. Sie müssen wissen, was im Ernstfall zu tun ist.

Textreferenzen für diese Antwort:

Glücklicher als Gott, S. 195

....

Frage 42: Nenne die Neun Veränderungen, die alles verändern können.

Antwort 42:

1. Ändern Sie Ihre Entscheidung, es »allein anzugehen«.

2. Ändern Sie Ihre Wahl der Emotionen.

3. Ändern Sie Ihre Wahl der Gedanken.

4. Ändern Sie Ihre Wahl der Wahrheiten.

5. Ändern Sie Ihre Vorstellung von der Veränderung an sich.

6. Ändern Sie Ihre Vorstellung davon, warum sich Veränderung ereignet.

7. Ändern Sie Ihre Vorstellung von künftiger Veränderung.

8. Ändern Sie Ihre Vorstellung vom Leben.

9. Ändern Sie Ihre Identität.

Textreferenzen für diese Antwort:

Wenn alles sich verändert, verändere alles, S. 14

....

Frage 43: Während unseres Lebens erfahren wir die Wirklichkeit auf drei Arten. Nenne die Drei Realitäten.

Antwort 43:

1. Letztendliche Realität

2. Beobachtete Realität

3. Verzerrte Realität

Textreferenzen für diese Antwort:

Wenn alles sich verändert, verändere alles, S. 88, 146–150

....

Frage 44: Welche drei Arten von Wahrheit bringt unser Bewusstsein hervor?

Antwort 44:

1. Die Tatsächliche Wahrheit

2. Die Ersichtliche Wahrheit

3. Die Vorgestellte Wahrheit

Textreferenzen für diese Antwort:

Wenn alles sich verändert, verändere alles, S. 92, 146–150

....

Frage 45: Was ist die Kausalitätsabfolge, die in unserem Bewusstsein abläuft, wenn wir Realität wahrnehmen und erschaffen?

Antwort 45:

Ereignis + Daten + Wahrheit + Gedanke + Emotion =
Erfahrung = Realität
Textreferenzen für diese Antwort:
Wenn alles sich verändert, verändere alles, S. 92

....

Frage 46: Um welche vier zusätzlichen Elemente
wird die Kausalitätsabfolge (Frage 45) im System der
Seele ergänzt?
Antwort 46:
Sicht + Wahrnehmung + Glaubensvorstellung + Ver-
halten = Erfahrung
Textreferenzen für diese Antwort:
Wenn alles sich verändert, verändere alles, S. 263

....

Frage 47: Warum ereignen sich in unserem Leben
Veränderungen?
Antwort 47:
Alle Veränderungen ereignen sich, weil sie von uns
gewollt sind, um persönliches Wachstum und die
Evolution der Seele zu ermöglichen. Das Leben ist
ein Prozess, und dieser Prozess wird Veränderung
genannt.
(Veränderung ist eine Verkündigung der Absicht des
Lebens, weiterzugehen. Veränderung ist der funda-
mentale Impuls des Lebens selbst.)
Textreferenzen für diese Antwort:
Wenn alles sich verändert, verändere alles, S. 214

....

Frage 48: Ergänze den folgenden Satz: Jede Veränderung …

Antwort 48:

… geschieht zum Besseren. (So etwas wie eine Veränderung zum Schlechteren gibt es nicht.)

Textreferenzen für diese Antwort:

Wenn alles sich verändert, verändere alles, S. 202

....

Frage 49: Was sind die Drei Reiche im Reich Gottes?

Antwort 49:

1. Das Reich des Spirituellen (auch Reich des Absoluten und Reich des Wissens genannt)
2. Das Reich des Physischen (auch Reich des Relativen und Reich des Erfahrens genannt)
3. Das Reich des Spirisischen (die Kombination aus dem Reich des Spirituellen und dem Reich des Physischen, auch Reich des Reinen Seins genannt)

Textreferenzen für diese Antwort:

Wenn alles sich verändert, verändere alles, S. 244–247

....

Frage 50: Wie lautet die zentrale, wichtigste Botschaft der *Gespräche mit Gott*?

Antwort 50:

Wir sind alle eins. (Oft wird auch gefragt: »Was ist Gottes Botschaft an die Welt?« Antwort: »Ihr habt mich falsch verstanden.«)

Textreferenzen für diese Antwort:

GmG Band 1 (und Neale in der *Today Show* des Senders NBC mit Matt Lauer)

Quellenverzeichnis

Neale Donald Walsch:
Übersetzung: Susanne Kahn-Ackermann
- *Gespräche mit Gott*, Band 1. München: Goldmann, 1997.
- ___, Band 2. München: Goldmann, 1998.
- ___, Band 3. München: Goldmann, 1999.
- *Freundschaft mit Gott*. München: Goldmann, 2000.
- *Gemeinschaft mit Gott*. München: Goldmann, 2002.
- *Neue Offenbarungen*. München: Goldmann, 2003.
- *Gott heute*. München: Goldmann, 2004.
- *Zuhause in Gott*. München: Goldmann, 2006.
- *Wenn alles sich verändert, verändere alles.* München: Goldmann, 2010.
Übersetzung: Jochen Lehner
- *Glücklicher als Gott*. Bielefeld: Kamphausen, 2008.
Übersetzung: Thomas Görden
- *Der Sturm vor der Ruhe*. Berlin: Ullstein, 2012.